한권 한달 완성 이탈리아어 말하기

Lv. 1

한권 한달 완성
이탈리아어 말하기 Lv. 1

초판 1쇄 발행 2024년 4월 26일

지은이 양혜경
펴낸곳 (주)에스제이더블유인터내셔널
펴낸이 양홍걸 이시원

홈페이지 www.siwonschool.com
주소 서울시 영등포구 영신로 166 시원스쿨
교재 구입 문의 02)2014-8151
고객센터 02)6409-0878

ISBN 979-11-6150-840-5 13780
Number 1-561212-26260421-09

한권 한달 완성
이탈리아어 말하기 Lv. 1

양혜경(플로리쌤) 지음

SIWON
SCHOOL
ITALIAN

S 시원스쿨닷컴

Buongiorno a tutti!

여러분 안녕하세요!

플로리쌤과 함께하는 〈한권 한달 완성 이탈리아어 말하기〉 시리즈가 참으로 기대되지 않습니까?

이탈리아와 한국 두 나라의 공식적인 교류는 조선시대 말기에 시작되었습니다. 1884년 조이수호 통상조약을 통해 조선과 이탈리아 왕국 사이의 국교가 수립되었고, 본 교재가 출간된 2024년은 한-이 수교 140주년을 맞는 아주 뜻깊은 해이기도 합니다.

일반적으로 이탈리아를 패션, 슈퍼카, 명품, 미식, 와인, 커피의 나라로 알고 있지만, 실제로 이탈리아는 이보다 훨씬 다양한 분야에서 놀라운 저력을 보여주고 있습니다. 이탈리아는 전 세계 5위의 슈퍼컴퓨터를 보유하고 있어 유럽 전역의 기상을 예측할 수 있는 시스템을 운영하며, 또한 우주항공, 중장비 제조와 같은 첨단 산업 분야에서 세계적인 수준을 자랑합니다.

이렇게 이탈리아는 무궁무진한 매력을 가지고 있으며, 가볍게는 매력적인 여행지로부터 진중하게는 비즈니스 파트너로까지 많은 가능성을 보여주는 나라입니다. 이토록 이탈리아는 한국과 오랜 교류의 역사를 가지고 있고 산업과 무역 측면에서도 밀접하게 연관되어 있지만 국내에서 이탈리아어를 배울 수 있는 기회는 제한적이었습니다. 이에 10년 이상의 강의와 통번역 경험을 바탕으로 아주 생생하고 필수적인 표현만을 담아낸 입문 교재 〈한권 한달 완성 이탈리아어 말하기 Lv. 1, 2〉를 집필하게 되었습니다.

본 교재는 왕초보 학습자의 눈높이에 맞추어 현지에서 자주 사용되는 단어와 표현들로 쉽게 구성되었습니다. 또한 시원스쿨에서 유료로 제공되는 〈플로리쌤의 이탈리아어 왕초보 탈출〉 강의를 활용하여 더욱 쉽고, 빠르고, 즐겁게 이탈리아어의 첫걸음을 내디뎌 보시기 바랍니다.

〈한권 한달 완성 이탈리아어 말하기〉 시리즈와 함께 'piano piano(조금씩 천천히)' 가다 보면 어느새 여러분의 입에서 이탈리아어가 술술 나오게 될 것입니다. 성공적인 이탈리아어 학습을 위해, 저 플로리쌤과 시원스쿨 이탈리아어가 여러분을 도와드리겠습니다.

2024년
저자 플로리쌤 (양혜경)

Buongiorno a tutti!

Non vedete l'ora di iniziare <Parlare Italiano in Un Mese con Un Solo Libro> con la professoressa Flory, vero?

Le relazioni tra Italia e Corea risalgono al 1884, anno in cui il Trattato di Amicizia e Commercio Corea-Italia stabilì i legami diplomatici tra il Regno di Joseon e l'Italia. Il 2024, anno di pubblicazione di questo libro, segna il 140º anniversario di questa storica relazione.

Spesso associamo l'Italia alla moda, alle supercar, ai marchi di lusso, alla gastronomia, al vino e al caffè, ma in realtà il paese offre molto di più. Possiede il quinto supercomputer al mondo e un sistema in grado di prevedere il clima in tutta Europa. Inoltre, si distingue a livello globale in settori quali l'aerospaziale, i macchinari pesanti e le industrie avanzate.

L'attrattiva dell'Italia è infinita e offre molte opportunità, sia per viaggi di piacere che per partnership commerciali. Nonostante questa stretta connessione storica e commerciale, le opportunità di imparare l'italiano sono limitate. Pertanto, con oltre dieci anni di esperienza nell'insegnamento e nell'interpretazione, ho cercato di presentare espressioni che sono davvero utilizzate in Italia e adatte al livello dei principianti nei volumi 1 e 2 di <Parlare Italiano in Un Mese con Un Solo Libro>.

Ho organizzato il testo e le lezioni online di <Il Grande Escape per Principianti di Italiano> in modo da rendere l'apprendimento dell'italiano facile e coinvolgente, con termini e frasi adatti al livello dei principianti. Con questo corso, imparerete l'italiano in modo divertente e presto sarete in grado di utilizzarlo fluentemente.

Con <Parlare Italiano in Un Mese con Un Solo Libro>, 'piano piano' vedrete che l'italiano scorrerà dalle vostre labbra senza sforzo. Per un apprendimento di successo della lingua italiana, io, la professoressa Flory e la Siwon School Italiano saremo qui per aiutarvi.

2024

Floriana Yang

이 책의 구성

오늘의 표현

일상생활에서 자주 쓰이는 표현을 익히고 어휘 기초를 탄탄하게 쌓는 코너입니다. 먼저 대화문 카툰에서 각 Lezione의 미션 문장을 눈으로 읽고, 준비 단어에서 필수 단어의 발음과 뜻을 확인해 보세요.

오늘의 문형

이탈리아어 문법, 어렵지 않아요! 보기 쉽게 정리된 표로 꼭 알아야 할 문법만 알려드립니다. 다양한 응용 예문을 따라 읽다 보면 어느새 이탈리아어 기초 문형을 마스터하게 될 거예요. 저자의 이탈리아어 공부 노하우를 담은 Flory's Tip! 코너도 놓치지 마세요.

오늘의 회화

실제 대화 상황에 대비할 수 있도록 각 Lezione의 주요 문형으로 다양한 회화문을 구성하였습니다. 네이티브 성우가 녹음한 MP3를 듣고, 자연스러운 회화 톤을 살려 말하는 연습을 해보세요. 한마디 plus+에서 생생한 현지 이탈리아어 표현을 추가로 배워 보세요.

연습 문제

각 Lezione에서 다룬 핵심 어휘와 문형에 대한 이해도를 점검하는 연습 문제를 제공합니다. 제시된 문제에 적절한 답을 찾는 과정을 통해 이탈리아어로 생각하는 힘을 길러 보세요.

Ripetizioni

앞선 Lezione에서 공부한 주요 표현을 최종적으로 점검할 수 있도록 구성한 복습 코너입니다. 선다형 문제와 응용 회화 문제를 통해 스스로 얼마나 완벽하게 학습 내용을 이해했는지 확인해 보세요.

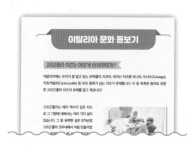

이탈리아 문화 돋보기

치즈, 커피, 파스타와 같이 이탈리아를 대표하는 식문화를 비롯하여 특색 있는 지역별 관광명소 등 다양한 현지 정보와 문화 꿀팁을 만나 보세요.

미션 문장 쓰기 노트, 필수 어휘 변화표

본 교재에서 다룬 미션 문장과 필수 어휘를 익혀 보세요. 명사와 형용사는 성과 수에 따른 변화 형태를 정리하였고, 동사의 경우 직설법 현재, 반과거, 단순 미래, 과거분사 형태까지 수록하였습니다.

단어, 예문, 회화문 무료 MP3 파일

외국어 학습에 있어 많이 듣고 따라하기는 매우 중요합니다. 본 교재는 단어, 예문, 회화문의 MP3파일을 제공합니다. 원어민 전문 성우의 정확한 발음을 듣고 따라하며 반복 연습해 보세요.

저자 직강 동영상 강의

독학을 위한 유료 동영상 강의를 제공합니다. 각 Lezione의 핵심 내용을 쉽고 간결하게 설명합니다. 동영상 강의는 https://italy.siwonschool.com/에서 확인하세요.

차례

- 머리말   004
- 이 책의 구성   006
- **Pre-lezione 01**   Alfabeto: 이탈리아어 알파벳   012
- **Pre-lezione 02**   '아' 다르고 '오' 다른 이탈리아어 모음   013
- **Pre-lezione 03**   Consonanti: 이탈리아어 자음   014
- **Pre-lezione 04**   자음 C, G, S, Z의 발음과 표기법   015
- **Pre-lezione 05**   나, 너, 우리 (Io, Tu, Noi): 주격 인칭 대명사   017

LEZIONE 01   Buongiorno!   018
안녕하세요!
이탈리아어의 인사말

LEZIONE 02   Io sono Flory!   024
나는 플로리야!
essere 동사

LEZIONE 03   Io sono felice.   030
나는 행복하다.
-e로 끝나는 형용사

LEZIONE 04   Io sono bravo.   036
나는 착하다.
형용사의 성과 수 일치

LEZIONE 05   Io sono coreano.   042
나는 한국인이야.
국적 형용사 ① / 국적 묻고 답하기

LEZIONE 06   Io sono un ballerino.   048
나는 발레리노다.
명사의 성과 수 / 직업 말하기

LEZIONE 07   Io non sono italiano.   054
나는 이탈리아인이 아니야.
국적 형용사 ② / 부정문 / 출신 말하기

LEZIONE 08   Dove sei tu?   060
너 어디야?
전치사 a / 위치 묻고 답하기

LEZIONE 09   Ripetizioni: Lezione 1~8 복습   066
이탈리아 문화 돋보기
너는 어느 도시에서 왔니?   071

LEZIONE 10   Oggi è sabato.   072
오늘은 토요일이다.
요일 묻고 답하기

LEZIONE 11   Oggi è una buona giornata!   078
오늘은 아름다운 날이야!
부정관사 / 부정관사처럼 변하는 형용사 buono

LEZIONE 12   Il gatto è carino.   084
그 고양이는 귀여워.
정관사 ①

LEZIONE 13   Lo zucchero è dolce.   090
설탕은 달콤해요.
정관사 ②

LEZIONE 14   Questo vino è italiano.   096
이것은 이탈리아 와인이다.
지시형용사와 지시대명사 ①: 이것

LEZIONE 15   Quella è una mozzarella.   102
저것은 모짜렐라다.
지시형용사와 지시대명사 ②: 저것

LEZIONE 16   Ci sono tanti libri in biblioteca.   108
도서관에 책이 많이 있다.
숫자 1~10 / esserci 동사

LEZIONE 17   Io ho vent'anni.   114
나는 스무 살이야.
숫자 11~20 / avere 동사 / 나이 묻고 답하기

| LEZIONE 18 | Ripetizioni: Lezione 10~17 복습 | 120 |

이탈리아 문화 돋보기
고르곤졸라 치즈는 어떻게 탄생했을까?　125

| LEZIONE 19 | Io abito a Milano.
나는 밀라노에 살아.
-are 동사 ①: abitare / 사는 곳 묻고 답하기 | 126 |

| LEZIONE 20 | Noi impariamo l'italiano.
우리는 이탈리아어를 배워.
-are 동사 ②: imparare, lavorare / 의문사 che cosa | 132 |

| LEZIONE 21 | Noi mangiamo la pasta.
우리는 파스타를 먹는다.
-are 동사 ③: mangiare, viaggiare | 138 |

| LEZIONE 22 | Prendiamo un caffè?
우리 커피 마실까?
-ere 동사 ①: prendere / 커피 관련 표현 | 144 |

| LEZIONE 23 | Maria vende la torta.
마리아는 케이크를 팔아.
-ere 동사 ②: vendere / 빵, 디저트 관련 표현 | 150 |

| LEZIONE 24 | Di mattina io leggo il giornale.
아침에 신문을 읽는다.
-ere 동사 ③: leggere, scrivere | 156 |

| LEZIONE 25 | Domani io parto per Napoli.
나는 내일 나폴리로 떠난다.
-ire 동사 ①: partire, dormire | 162 |

| LEZIONE 26 | Io capisco bene.
나는 잘 이해한다.
-ire 동사 ②: capire, pulire | 168 |

| LEZIONE 27 | La conferenza non finisce.
회의가 끝나지 않는다.
-ire 동사 ③: finire, unire / mai 부정문 | 174 |

LEZIONE 28   Ripetizioni: Lezione 19~27 복습   180

이탈리아 문화 돋보기
이탈리아의 커피 문화: "Prendiamo un caffè?"   185

LEZIÓNE 29   Io posso scrivere in italiano.   186
나는 이탈리아어로 글을 쓸 수 있어.
조동사 ①: potere / ~할 수 있다

LEZIONE 30   Noi dobbiamo leggere il libro.   192
우리는 책을 읽어야 한다.
조동사 ②: dovere / ~해야 하다

LEZIONE 31   Noi vogliamo cantare.   198
우리는 노래하고 싶다.
조동사 ③: volere / ~하고 싶다

LEZIONE 32   Che cosa fai tu domani?   204
너 내일 뭐 해?
fare 동사와 활용 표현

LEZIONE 33   Io vado da Maria.   210
마리아의 집에 간다.
andare, venire 동사 / ~의 집에

LEZIONE 34   Io esco presto di mattina.   216
아침에 일찍 나간다.
uscire 동사 / 시간 표현

LEZIONE 35   Ripetizioni: Lezione 29~34 복습   222

이탈리아 문화 돋보기
이탈리아 식전 문화, 아페리티보(aperitivo)   227

부록   한마디 plus+ 응용편   228

🍅 Alfabeto: 이탈리아어 알파벳

🎧 MP3 00-01

이탈리아어 알파벳은 영어 알파벳과 형태는 같지만 철자의 구성, 이름과 발음에 차이가 있습니다. 이탈리아어의 알파벳, Alfabeto에 대해 알아볼까요?

이탈리아어 알파벳 구성

이탈리아어는 5개의 모음과 16개의 자음으로 이루어집니다. 알파벳 J, K, W, X, Y는 고유 이탈리아어에서는 쓰이지 않고, taxi(택시), yogurt(요거트)와 같이 널리 퍼진 외래어나 사람의 이름, 도시명과 같은 고유명사를 나타낼 때에만 사용되는 점에 주의하세요.

모음	자음				
A a a [아]	B b bi [비]	C c ci [취]	D d di [디]		
E e é [에] è [애]	F f effe [애풰]	G g gi [쥐]	H h acca [악카]		
I i i [이]	J j i lunga [이 룽가]	K k cappa [캎파]	L l elle [앨레]	M m emme [앰메]	N n enne [앤네]
O o ó [오] ò [어]	P p pi [피]	Q q qu [쿠]	R r erre [애레]	S s esse [앳세]	T t ti [티]
U u u [우]	V v vu [부]	W w doppia vu [돞피아 부]	X x ics [익씨]	Y y ipsilon [입실론]	Z z zeta [재타]

Flory's Tip 알파벳 Yy는 이탈리아어로 '그리스 알파벳 i'라는 뜻의 i greca [이 그래카]로 불리기도 합니다.

🍅 '아' 다르고 '오' 다른 이탈리아어 모음

🎧 MP3 00-02

이탈리아어의 모음은 A, E, I, O, U의 다섯 가지 철자와 이를 발음한 일곱 개의 소리로 이루어집니다. 모음 철자 중 E와 O는 각각 두 개의 다른 소리로 나타내는 점에 주의하며 모음 소리를 연습해 보세요.

A, I, U는 음가 그대로 발음

A E I O U

È É Ò Ó

E와 O는 열린 소리와 닫힌 소리가 있음

· 단모음(vocali)

알파벳		발음	예	
A a		[아]	Anna [안나]	babà [바바]
I i		[이]	critica [크리티카]	aspirina [아ㅅ피리나]
U u		[우]	uva [우(v)봐]	fuga [(f)푸가]
E e	열린 소리 è	[애]	caffè [캎(f)페]	Gente [챈테]
	닫힌 소리 é	[에]	perché [페르케]	allegro [알레ㄱ로]
O o	열린 소리 ò	[어]	però [페러]	poco [퍼코]
	닫힌 소리 ó	[오]	allora [알로라]	amore [아모레]

· 이중모음(dittonghi)

이중모음은 모음 I 또는 U가 다른 모음과 결합하여 만들어집니다. 이중모음의 소리는 철자 순서대로 두 모음을 연이어 발음하면 됩니다.

ià [이아]	uà [우아]	ài [아이]
iè [이애]	uè [우애]	àu [아우]
iò [이어]	ui [우이]	èi [애이]
iù [이우]	uò [우어]	èu [애우]
		òi [어이]

🍅 Consonanti: 이탈리아어 자음 　　🎧 MP3 00-03

c, g, s, z를 제외한 이탈리아어의 자음은 있는 그대로 발음하면 됩니다. 먼저 12개 자음의 발음을 일곱
가지 모음 소리에 결합하여 연습해 봅시다.

	a	è	é	i	ò	ó	u
B b [bi]	ba [바]	bè [배]	bé [베]	bi [비]	bò [버]	bó [보]	bu [부]
D d [di]	da [다]	dè [대]	dé [데]	di [디]	dò [더]	dó [도]	du [두]
F f [effe]	fa [퐈]	fè [풰]	fé [풰]	fi [퓌]	fò [풔]	fó [포]	fu [퓨]
H h [acca]	★ H는 묵음!						
	ha [아]	hè [애]	hé [에]	hi [이]	hò [어]	hó [오]	hu [우]
L l [elle]	la [라]	lè [래]	lé [레]	li [리]	lò [러]	ló [로]	lu [루]
M m [emme]	ma [마]	mè [매]	mé [메]	mi [미]	mò [머]	mó [모]	mu [무]
N n [enne]	na [나]	nè [내]	né [네]	ni [니]	nò [너]	nó [노]	nu [누]
P p [pi]	pa [파]	pè [패]	pé [페]	pi [피]	pò [퍼]	pó [포]	pu [푸]
Q q [qu]	★ Q는 항상 U와 먼저 결합						
	qua [쿠아]	què [쿠애]	qué [쿠에]	qui [쿠이]	quò [쿠어]	quó [쿠오]	qu [쿠]
R r [erre]	★ R로 시작하거나 '-rr-'처럼 연속된 경우, R를 굴려서 발음						
	ra [라]	rè [래]	ré [레]	ri [리]	rò [러]	ró [로]	ru [루]
T t [ti]	ta [타]	tè [태]	té [테]	ti [티]	tò [터]	tó [토]	tu [투]
V v [vu/vi]	va [봐]	vè [봬]	vé [붸]	vi [뷔]	vò [붜]	vó [보]	vu [부]

14

자음 C, G, S, Z의 발음과 표기법

🎧 MP3 00-04

자음 C

- 모음 E, I와 결합하여 [ㅊ], 모음 A, O, U와 결합하여 [ㅋ] 소리를 만듭니다.

자음 G

- 모음 E, I와 결합하여 [ㅈ], 모음 A, O, U와 결합하여 [ㄱ] 소리를 만듭니다.
- 자음 L, N과 결합할 때 생기는 예외 발음에 주의해야 합니다.

	a	è	é	i	ò	ó	u
C c [ci]	ca [카]	chè [캐]	ché [케]	chi [키]	cò [커]	có [코]	cu [쿠]
	cia [챠]	cè [채]	cé [췌]	ci [취]	ciò [처]	ció [쵸]	ciu [츄]
G g [gi]	ga [가]	ghè [개]	ghé [게]	ghi [기]	gò [거]	gó [고]	gu [구]
	gia [좌]	gè [좨]	gé [줴]	gi [쥐]	giò [져]	gió [죠]	giu [쥬]
gl	gla [글라]	glè [글래]	glé [글레]	gli [리]	glò [글러]	gló [글로]	glu [글루]
gn	gna [냐]	gnè [내]	gné [네]	gni [늬]	gnò [녀]	gnó [뇨]	gnu [뉴]

자음 S

- 보통 강한 [s]로 발음하지만, 모음과 모음 사이에 S가 올 때나 일부 S로 시작하는 단어에서는 부드러운 [z]로 발음합니다.

  예 santo [싼토], sole [쏘레] / casa [카(z)자], sdraio [(z)ㅈㄷ라이오]
- 자음 C과 결합할 때 생기는 예외 발음에 주의해야 합니다.

자음 Z

- 경우에 따라 강한 [tz] 또는 부드러운 [dz]로 발음합니다.

  예 speranza [스페란차], forza [(f)포ㄹ차] / zaino [(z)자이노], zanzara [(z)잔(z)자라]

	a	è	é	i	ò	ó	u
S s [esse]	sa [싸], [자]	sè [쌔], [재]	sé [쎄], [제]	si [씨], [지]	sò [써], [저]	só [쏘], [조]	su [쑤], [주]
sc	sca [스카]	schè [스캐]	sché [스케]	schi [스키]	scò [스커]	scó [스코]	scu [스쿠]
	scia [샤]	scè [쇄]	scé [쉐]	sci [쉬]	sciò [셔]	sció [쇼]	sciu [슈]
Z z [zeta]	za [tza], [dza]	zè [tzè], [dzè]	zé [tzé], [dzé]	zi [tzi], [dzi]	zò [tzò], [dzò]	zó [tzó], [dzó]	zu [tzu], [dzu]

*Flory's Tip 이탈리아어 단어의 악센트

이탈리아어의 모든 단어는 악센트(accento)를 가지고 있습니다. 악센트는 기본적으로 뒤에서 두 번째 음절의 모음이나 세 번째 음절의 모음에 위치하고, 이 경우 따로 강세 표시를 하지 않습니다. 하지만 이 규칙에 어긋난 악센트를 가진 단어들은 열린 모음 표시(accento grave, [`]) 또는 닫힌 모음 표시(accento acuto, [´])로 강세를 표기해 줍니다.

1. 뒤에서 두 번째 모음에 악센트가 있는 경우

libro   [리브로]

casa   [카(z)자]

gatto   [같토]

2. 뒤에서 세 번째 모음에 악센트가 있는 경우

visibile   [(v)뷔(z)지비레]

zucchero   [죽케로]

simpatico   [심파티코]

3. 맨 마지막 모음에 악센트가 있는 경우

caffè   [칶패]

città   [췥타]

partirò   [파르티러]

🍅 나, 너, 우리 (Io, Tu, Noi): 주격 인칭 대명사 🎧 MP3 00-05

주격 인칭 대명사란?

> 문장의 주어 자리에서 사람을 지칭하기 위해
> 명사(이름) 대신 사용하는 단어

	단수		복수	
1인칭	나	**Io** [이오]	우리	**Noi** [노이]
2인칭	너	**Tu** [투]	너희	**Voi** [(v)보이]
3인칭	그 그녀 당신	**Lui** [루이] **Lei** [래이] **Lei** [래이]	그(녀)들	**Loro** [로로]

- '당신'을 뜻하는 Lei는 첫 글자를 항상 대문자로 쓰는 것이 원칙이지만, 현대 이탈리아어에서는 최대한 격식을 갖춰야 하는 공식석상에서만 Lei를 대문자로 사용합니다.
- loro의 의미 중 여러 명의 청중을 가리키는 '당신들'이 있으나, 현대 이탈리아어에서는 '당신들'을 나타낼 때 voi(여러분)를 주로 사용합니다.

*Flory's Tip 수업 시간에 자주 쓰이는 단어를 알아봅시다.

lezione	[렐치오네]	수업
ragazzi	[라같치]	여러분
allora	[알로라]	자, 그러면
Sì	[씨]	네
No	[노]	아니오

Lezione

1
uno

안녕하세요!

Lezione 1 전체
원어민 음원 듣기

한 눈에 쏙! 오늘의 표현

Buongiorno.
안녕하세요.

**Buongiorno.
Piacere!**
안녕하세요. 반가워요!

준비 단어

🎧 MP3 01-02

Ciao!
[챠오]   안녕

Salve!
[쌀(v)붸]   안녕하세요!

Piacere!
[피아췌레]   반가워요!

buono
[부어노]   좋은

🍅 Ciao!는 '안녕'이라는 뜻의 친근한 인사말로 만났을 때와 헤어질 때 모두 사용할 수 있습니다.

🍅 Salve!는 '안녕하세요'라는 뜻을 가진 표현으로, 처음 만났거나 친하지 않은 사람에게 인사할 경우 사용할 수 있습니다.

🍅 Piacere!는 누군가를 만났을 때 반가운 마음을 표현하는 인사말입니다.

🍅 이탈리아어 명사는 남성/여성, 단수/복수로 성과 수를 구분하여 사용합니다. 명사의 성이란 문법적인 개념으로 단어의 어미를 -o와 -a로 구분한 것이라 생각하면 쉽습니다. buono는 '좋은'이라는 뜻의 형용사로, 꾸며주는 명사의 성과 수에 따라 다음과 같이 형태가 변합니다.

남성 단수	남성 복수	여성 단수	여성 복수
buon, buono [부언], [부어노]	buoni [부어니]	buona [부어나]	buone [부어네]

🍅 buono를 활용하여 하루의 다양한 시간대에 알맞은 인사를 할 수 있습니다.

Buongiorno! [부언죠르노]	좋은 날이에요! (하루 인사)
Buon pomeriggio! [부언 　 포메릿죠]	좋은 오후예요!
Buonasera! [부어나쎄라]	좋은 저녁이에요!
Buonanotte! [부어나넡테]	좋은 밤 보내세요!

Flory's Tip

- 만났을 때 하는 인사말인 'Buongiorno!'와 'Buonasera!'는 그 자체로 굳어진 표현이므로 띄어 쓰기를 하지 않습니다. 반면 헤어질 때의 인사말로 같은 표현을 사용할 때는 'Buon giorno!(좋은 하루가 되기를)', 'Buona sera!(좋은 저녁이 되기를)'와 같이 띄어씁니다. 어떠한 하루 또는 저녁 이 되기를 바라는지 buono가 꾸며주고 있기 때문입니다.

- 'Buon pomeriggio!'의 경우에는 buon 뒤에 따라오는 단어의 길이가 길기 때문에 항상 띄어쓰 기를 하고, 'Buonanotte!'는 띄어쓰기를 하든 하지 않든 의미에 차이가 없습니다.

안녕하세요! 반가워요!
Buongiorno! Piacere!

안녕하세요. 반가워요!
Buongiorno. Piacere!

안녕! 반가워!
Ciao! Piacere!

안녕! 반가워!
Ciao! Piacere!

안녕! 잘 자!
Ciao! Buonanotte!

좋은 밤 보내!
Buonanotte!

 한 마디 plus+   이탈리아어로 고마움을 표현해 보세요.

il saluto [일 쌀루토]   인사

Grazie! [그랕치에]   고마워!, 감사합니다!

연습 문제

1 이탈리아어 표현에 알맞은 한국어 해석을 찾아 연결해 보세요.

1. Buongiorno!   •   •   (a) 감사합니다!

2. Ciao!   •   •   (b) 좋은 오후예요!

3. Buonanotte!   •   •   (c) 좋은 밤 보내세요!

4. Buon pomeriggio!   •   •   (d) 좋은 날이에요!

5. Grazie!   •   •   (e) 안녕!

정답 문제 **1** 1. (d) / 2. (e) / 3. (c) / 4. (b) / 5. (a)

Lezione
2 due

나는 플로리야!

Lezione 2 전체
원어민 음원 듣기

Ciao!
Io sono Maria.
안녕! 나는 마리아야.

Ciao!
Io sono Mario.
안녕! 나는 마리오야.

준비 단어

🎧 MP3 02-02

🧂 essere
[앳 세레] ~이다

🧂 Io sono
[이오 쏘노] 나는 ~이다

🧂 Tu sei
[투 쌔이] 너는 ~이다

🧂 Lui/Lei è
[루이/래이 애] 그/그녀는 ~이다

🧂 Lei è
[래이 애] 당신은 ~이다

🧂 Noi siamo
[노이 씨아모] 우리는 ~이다

🧂 Voi siete
[(v)보이 씨애테] 너희는 ~이다

🧂 Loro sono
[로로 쏘노] 그들은 ~이다

밑줄 쫙-
오늘의 문형 🎧 MP3 02-03

🍅 나를 소개하는 문장에서 이탈리아어의 어순과 한국어의 어순을 비교해 보세요.

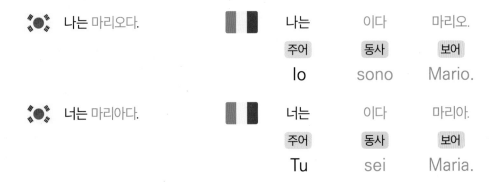

	나는	이다	마리오.
🇰🇷 나는 마리오다.	주어	동사	보어
	Io	sono	Mario.

	너는	이다	마리아.
🇰🇷 너는 마리아다.	주어	동사	보어
	Tu	sei	Maria.

🍅 essere 동사는 영어의 be 동사와 같은 역할을 합니다. '(주어는) ~이다'라는 뜻을 나타내고, 영어에서 주어에 맞게 be 동사를 변형하듯이 essere 동사도 주어에 따라 여러 형태로 바꾸어 사용합니다.

Io	sono	Noi	siamo
Tu	sei	Voi	siete
Lui/Lei/Lei	è	Loro	sono

안녕하세요! 저는 플로리에요. → 안녕하세요 / 나는 / 이다 / Flory

Buongiorno! Io sono Flory.

너는 프란체스코야. → 너는 / 이다 / Francesco

Tu sei Francesco.

그는 파올로야. → 그는 / 이다 / Paolo

Lui è Paolo.

그녀는 마르타야. → 그녀는 / 이다 / Marta

Lei è Marta.

우리는 플로리와 프란체스코야. → 우리는 / 이다 / Flory / 그리고 / Francesco

Noi siamo Flory **e** Francesco.

너희는 마르타와 파올로야. → 너희는 / 이다 / Marta / 그리고 / Paolo

Voi siete Marta **e** Paolo.

Flory's Tip

e[에]는 영어의 and처럼 '그리고'를 뜻합니다. '너는?'과 같이 상대방의 의견을 묻거나 여러 명사를 나열할 때 사용합니다.

예 너는? E tu? [에 투]
줄리아와 파올로 Giulia e Paolo [줄리아 에 파올로]

나는 Giulia야.
Io sono Giulia.

너는 Giulia야
Tu sei Giulia.

그는 Paolo야.
Lui è Paolo.

그녀는 Marta야.
Lei è Marta.

우리는 Marta와 Paolo야.
Noi siamo Marta e Paolo.

너희는 Marta와 Paolo야.
Voi siete Marta e Paolo.

그들은 Giulia와 Francesco야.
Loro sono Giulia e Francesco.

 **한 마디 plus+** 자주 쓰이는 감탄사를 알아봅시다.

il nome [일 노메]	이름
Dai! [다이]	어서 해 봐!, 그래! (여러 가지 뜻의 감탄사)

연습 문제

1 다음은 essere(-이다) 동사의 현재 변화표입니다. 빈칸을 채워 보세요.

Io	**1.**	Noi	siamo
Tu	sei	Voi	**3.**
Lui/Lei/Lei	**2.**	Loro	sono

2 자기소개하는 문장을 이탈리아어로 바꾸어 말하고 적어 보세요.

1. 안녕하세요. ➡ _____

2. 반갑습니다. ➡ _____

3. 저는 (본인 이름)입니다. ➡ _____

정답 문제 **1** 1. sono / 2. è / 3. siete
문제 **2** 1. Buongiorno. / 2. Piacere. / 3. Io sono (본인 이름).

Lezione

3
tre

나는 행복하다.

Lezione 3 전체
원어민 음원 듣기

Tu sei gentile e dolce.
너는 친절하고 상냥해.

Io sono molto felice.
나는 아주 행복해.

준비 단어

🎧 MP3 03-02

🧂 **felice**
[(f)풰리췌]   행복한

🧂 **gentile**
[젠티레]   친절한

🧂 **dolce**
[돌췌]   달콤한, 부드러운, 상냥한

🧂 **molto**
[몰토]   아주, 매우

🍅 이탈리아어 형용사는 꾸며주는 명사의 성과 수에 일치하는 형태로 사용합니다.

🍅 '-e'로 끝나는 형용사의 경우, 꾸며주는 명사의 성과는 상관 없이 단수/복수에 따라서만 형태가 변화합니다. 꾸며주는 명사가 복수일 때 형용사의 어미를 '-i'로 바꿔서 사용합니다.

단수	복수
felice	felici
gentile	gentili
dolce	dolci

🍅 molto는 '아주'라는 뜻을 가진 단어로 감정이나 상태를 나타내는 형용사를 강조하여 표현할 때 사용할 수 있습니다.

molto felice [몰토 (f)뻬리췌]	아주 행복한
molto gentile [몰토 젠티레]	아주 친절한
molto dolce [몰토 돌췌]	아주 상냥한

~는 행복하다

나는 행복하다.
→ 나는 / 이다 / 행복한

Io sono felice.

그는 행복하다.
→ 그는 / 이다 / 행복한

Lui è felice.

우리는 행복하다.
→ 우리는 / 이다 / 행복한

Noi siamo felici.

그들은 행복하다.
→ 그들은 / 이다 / 행복한

Loro sono felici.

~는 친절하다

너는 친절하다.
→ 너는 / 이다 / 친절한

Tu sei gentile.

너는 아주 친절하다.
→ 너는 / 이다 / 아주 / 친절한

Tu sei molto gentile.

너희는 아주 친절하다. → 너희는 / 이다 / 아주 / 친절한

Voi siete molto gentili.

~는 상냥하다

그녀는 상냥하다.
→ 그녀는 / 이다 / 상냥한

Lei è dolce.

그녀는 아주 상냥하다.
→ 그녀는 / 이다 / 아주 / 상냥한

Lei è molto dolce.

그들은 아주 상냥하다. → 그들은 / 이다 / 아주 / 상냥한

Loro sono molto dolci.

실력이 쭈~욱
오늘의 회화 🎧 MP3 03-04

너는 친절하구나.
Tu sei gentile.

너는 아주 상냥해.
Tu sei molto dolce.

너는 행복하니?
Tu sei felice?

응, 나는 아주 행복해.
Sì, io sono molto felice.

그들은 친절하니?
Loro sono gentili?

응, 그들은 아주 친절해
Sì, loro sono molto gentili.

 한 마디 plus+   달콤한 디저트에 대해 표현해 보세요.

il dolce [일 돌체]   디저트

Che bontà! [케 본타]   맛있겠다!, 맛있다!

연습 문제

1 제시된 '-e'로 끝나는 형용사의 복수형을 써 보세요.

1. felice

   _____

2. gentile

   _____

3. dolce

   _____

2 다음 문장을 이탈리아어로 바꾸어 말하고 적어 보세요.

1. 나는 행복하다.　➡ _____

2. 너희는 친절하다.　➡ _____

3. 그녀는 아주 상냥하다.　➡ _____

Lezione

4
quattro

나는 착하다.

Lezione 4 전체
원어민 음원 듣기

Io sono brava?
나 착해?

Sì, tu sei bravissima.
응, 너는 아주 착해.

준비 단어
🎧 MP3 04-02

🧂 **bravo**
[브라(v)보]
훌륭한, 착한

🧂 **bravissimo**
[브라(v)빗시모]
아주 훌륭한, 아주 착한

🧂 **cattivo**
[칻티(v)보]
나쁜, 사악한

🧂 **cattivissimo**
[칻티(v)빗시모]
아주 나쁜, 아주 사악한

밑줄 쫙-

오늘의 문형 🎧 MP3 04-03

🍅 형용사는 꾸며주는 명사의 성과 수에 일치합니다.

🍅 essere 동사의 보어인 경우 주어의 성과 수에 일치합니다.

🍅 -o로 끝나는 형용사는 다음과 같이 변화합니다.

> 남성 단수: -o   남성 복수: -i
>
> 여성 단수: -a   여성 복수: -e

남성 단수	남성 복수	여성 단수	여성 복수
bravo	bravi	brava	brave
bravissimo	bravissimi	bravissima	bravissime
cattivo	cattivi	cattiva	cattive
cattivissimo	cattivissimi	cattivissima	cattivissime

나는 착하다. → 나는 / 이다 / 착한

Io **sono bravo.**   Io **sono brava.**

우리는 착하다. → 우리는 / 이다 / 착한

Noi **siamo bravi.**   Noi **siamo brave.**

너는 매우 착하다. → 너는 / 이다 / 매우 착한

Tu **sei bravissimo.**   Tu **sei bravissima.**

너희는 아주 착하다. → 너희는 / 이다 / 아주 착한

Voi **siete bravissimi.**   Voi **siete bravissime.**

그(녀)는 나쁘다. → 그(녀)는 / 이다 / 나쁜

Lui **è cattivo.**   Lei **è cattiva.**

그들은 매우 나쁘다. → 그들은 / 이다 / 매우 나쁜

Loro **sono cattivissimi.**   Loro **sono cattivissime.**

Flory's Tip

이탈리아어에서는 보통 io, tu, voi와 같은 주격 인칭대명사가 생략됩니다. 동사의 변형을 보고
주어의 인칭과 수를 유추할 수 있기 때문입니다.

예 Io sono bravo. → Sono bravo.

나 착해?
(Io) Sono brava?

응, 너는 아주 착해.
Sì, (tu) sei bravissima.

나 착해?
(Io) Sono bravo?

아니, 너는 아주 나빠.
No, (tu) sei cattivissimo.

그들은 나쁘니?
(Loro) Sono cattivi?

아니, 그들은 아주 훌륭해.
No, (loro) sono bravissimi.

 아주 착한 친구에게 '너는 천사야.'라고 칭찬해 보세요.

l'angelo [란줴로]　　　　　　천사

Sei un angelo! [쌔이 운 안줴로]　　너는 천사야!

콕콕 실력 확인

연습 문제

1 제시된 '-o'로 끝나는 형용사의 남성 복수형과 여성 복수형을 써 보세요.

1. bravo (훌륭한)

_____ , _____

2. bravissimo (아주 훌륭한)

_____ , _____

3. cattivo (나쁜)

_____ , _____

2 다음 문장을 이탈리아어로 바꾸어 말하고 적어 보세요.

1. (여)나는 착하다.   ➡ _____

2. (남)너는 아주 착하다.   ➡ _____

3. 그녀들은 나쁘다.   ➡ _____

정답 문제 **1** 1. bravi, brave / 2. bravissimi, bravissime / 3. cattivi, cattive
문제 **2** 1. (Io) Sono brava. / 2. (Tu) Sei bravissimo. / 3. (Loro) Sono cattivissime.

Lezione

5
cinque

나는 한국인이야.

Lezione 5 전체
원어민 음원 듣기

Di dove sei tu?
너는 어느 나라 사람이니?

Io sono coreano.
나는 한국인이야.

준비 단어

🎧 MP3 05-02

dove
[도(v)붸]   어디

coreano
[코레아노]   한국의, 한국인의

italiano
[이타리아노]   이탈리아의, 이탈리아인의

francese
[(f)프란췌(z)제]   프랑스의, 프랑스인의

밑줄 짝-
오늘의 문형 🎧 MP3 05-03

🍅 상대방이 어느 나라/지역 출신인지 궁금할 때 'Di dove + essere + 주어?'로 물어볼 수 있습니다. 단, dove è는 e가 연달아 중복되어 나오기 때문에 dov'è로 줄여서 사용합니다.

> **Di dove sei tu?**   너는 어느 나라 사람이니?
>
> **Di dov'è lei?**   당신은 어느 나라 사람인가요?

🍅 국적을 나타내는 형용사에는 '-o'로 끝나는 경우와 '-e'로 끝나는 경우가 모두 존재합니다. Lezione 3, 4에서 배운 내용을 기억하며 다음 형용사 변화표를 소리 내어 읽어 보세요.

	남성 단수	남성 복수	여성 단수	여성 복수
-o로 끝나는 형용사	coreano italiano	coreani italiani	coreana italiana	coreane italiane

	단수	복수
-e로 끝나는 형용사	francese	francesi

나는 한국인이다. → 나는 / 이다 / 한국인의

Io sono coreano.   Io sono coreana.

우리는 한국인이다. → 우리는 / 이다 / 한국인의

Noi siamo coreani.   Noi siamo coreane.

너는 이탈리아인이다. → 너는 / 이다 / 이탈리아인의

Tu sei italiano.   Tu sei italiana.

너희는 이탈리아인이다. → 너희는 / 이다 / 이탈리아인의

Voi siete italiani.   Voi siete italiane.

그는 프랑스인이다. → 그는 / 이다 / 프랑스인의

Lui è francese.

그녀는 프랑스인이다. → 그녀는 / 이다 / 프랑스인의

Lei è francese.

그들은 프랑스인이다. → 그들은 / 이다 / 프랑스인의

Loro sono francesi.

실력이 쭈~욱

오늘의 회화 🎧 MP3 05-04

어느 나라 분이세요?
Di dov'è lei?

저는 이탈리아인이에요.
Io sono italiano.

어느 나라 분이세요?
Di dov'è lei?

저는 한국인이에요.
Io sono coreana.

너희는 어느 나라 사람이니?
Di dove siete voi?

우리는 프랑스인이야.
Noi siamo francesi.

 한 마디 plus+ 방문을 환영하는 인사를 나눠 보세요.

il paese [일 파에(z)제]   마을, 동네, 나라

Benvenuti in Italia! [밴(v)붸누티 인 이타리아]   이탈리아에 오신 것을 환영해요!

콕콕 실력 확인
연습 문제

1 다음 형용사의 여성 단수형을 써 보세요.

1. coreano

_____

2. italiano

_____

3. francese

_____

2 다음 문장을 이탈리아어로 바꿔 말하고 적어 보세요.

1. 너는 어느 나라 사람이야? ➡ _____

2. 나는 (남자) 한국인이야. ➡ _____

3. 저는 프랑스 사람이에요. ➡ _____

정답 문제 **1** 1. coreana / 2. italiana / 3. francese
문제 **2** 1. Di dove sei tu? / 2. Io sono coreano. / 3. Io sono francese.

Lezione

6
sei

나는 발레리노다.

Lezione 6 전체
원어민 음원 듣기

Tu sei un impiegato?
너는 회사원이니?

Io sono un ballerino.
나는 발레리노야.

준비 단어

🎧 MP3 06-02

🧂 **un, uno, una, un'**
[운, 우노, 우나, 운]   하나의

🧂 **dei, degli, delle**
[데이, 델리, 델레]   몇몇의, 여럿의

🧂 **ballerino**
[발레리노]   발레리노

🧂 **impiegato**
[임피에가토]   회사원

🍅 이탈리아어에는 사람을 가리키는 것이 아닌 명사에도 성이 부여되어 있습니다. 명사의 성과 수에 주의하며 다음 명사 변화표를 소리 내어 읽어 보세요.

	단수	복수	뜻
남성 명사	libro	libri	책
	giorno	giorni	하루, 날
	colore	colori	색깔
여성 명사	casa	case	집
	sera	sere	저녁
	canzone	canzoni	노래

🍅 불특정한 하나의 사물이나 사람 앞에는 부정관사 un을, 복수의 사물이나 사람 앞에는 부분관사 dei를 붙여 말합니다. 부정관사와 부분관사의 성과 수에 주의하며 다음 변화표를 소리 내어 읽어 보세요.

남성 단수	남성 복수	여성 단수	여성 복수
un, uno	dei, degli	una, un'	delle
un ballerino	dei ballerini	una ballerina	delle ballerine
un impiegato	degli impiegati	un'impiegata	delle impiegate

나는 발레리노다.

Io sono un **ballerino.**

너는 발레리노니?

Tu sei un **ballerino?**

그녀는 발레리나다.

Lei è una **ballerina.**

당신은 발레리나인가요?

Lei è una **ballerina?**

우리는 발레리노다.

Noi siamo dei **ballerini.**

너희는 발레리노니?

Voi siete dei **ballerini?**

우리는 발레리나다.

Noi siamo delle **ballerine.**

그들은 발레리나니?

Loro sono delle **ballerine?**

나는 (남)회사원이다.

Io sono un **impiegato.**

너는 (여)회사원이니?

Tu sei un'**impiegata?**

우리는 (남)회사원이다.

Noi siamo degli **impiegati.**

그들은 (여)회사원이니?

Loro sono delle **impiegate?**

Flory's Tip

부정관사 una 다음에 모음으로 시작하는 여성 명사가 오는 경우, un'으로 바꿔 사용합니다.

예 un'impiegata un'amica

너는 발레리노니?
Tu sei un ballerino?

응, 나는 발레리노야.
Sì, io sono un ballerino.

너는 회사원이니?
Tu sei un impiegato?

응, 나는 회사원이야.
Sì, io sono un impiegato.

그녀는 발레리나니?
Lei è una ballerina?

맞아, 그녀는 발레리나야.
Sì, lei è una ballerina.

 **한 마디 plus+** 친구에게 함께 춤 추자고 물어보세요.

la danza [라 단(tz)차]　　　　　춤, 댄스

Balliamo? [발리아모]　　　　　우리 춤출까?

연습 문제

1 다음 표현을 동일한 수의 여성형으로 바꿔 써 보세요.

1. un ballerino

   _____

2. dei ballerini

   _____

3. un impiegato

   _____

2 다음 문장을 이탈리아어로 바꿔 말하고 적어 보세요.

1. 나는 발레리노다.   ➡ _____

2. 너는 (남)회사원이니?   ➡ _____

3. 그녀들은 회사원이다.   ➡ _____

정답 문제 **1** 1. una ballerina / 2. delle ballerine / 3. un'impiegata
      문제 **2** 1. Io sono un ballerino. / 2. Tu sei un impiegato? / 3. Loro sono delle impiegate.

Lezione

7

sette

나는 이탈리아인이 아니야.

Lezione 7 전체
원어민 음원 듣기

한 눈에 쏙! 오늘의 표현

Noi non siamo cinesi.
우리는 중국인이 아니야.

Io sono
di Milano.
나는 밀라노 출신이야.

준비 단어

🎧 MP3 07-02

🧂 **Corea**
[코래아]
대한민국

🧂 **Cina**
[치나]
중국

🧂 **Italia**
[이타리아]
이탈리아

🧂 **cinese**
[치네(z)제]
중국의,
중국인의

🧂 **Spagna**
[스판냐]
스페인

🧂 **Giappone**
[쟢포네]
일본

🧂 **spagnolo**
[스판녀로]
스페인의,
스페인인의

🧂 **giapponese**
[쟢포네(z)제]
일본의,
일본인의

밑줄 쫙~
오늘의 문형 🎧 MP3 07-03

🍅 이탈리아어에서는 변화된 동사 앞에 non을 붙여 부정문을 만듭니다.

> Io sono italiano. ➡ Io non sono italiano.
>
> Io sono coreana. ➡ Io non sono coreana.
>
> Tu sei cinese. ➡ Tu non sei cinese.
>
> Noi siamo giapponesi. ➡ Noi non siamo giapponesi.

🍅 누군가의 출신 지역에 대해서 표현할 때는 'essere + di + 도시명'으로 말할 수 있습니다. 이때 도시명의 첫 글자는 대문자로 표기하는 것에 주의합니다.

> Di dove sei tu?   너는 어디 출신이니?
>
> Io sono di Seoul.   나는 서울 출신이야.
>
> Io sono di Roma.   나는 로마 출신이야.
>
> Io sono di Milano.   나는 밀라노 출신이야.

나는 이탈리아인이다.

Io sono italiano.

너는 중국인이다.

Tu sei cinese.

그녀는 스페인 사람이다.

Lei è spagnola.

우리는 일본인이다.

Noi siamo giapponesi.

너희는 한국인이다.

Voi siete coreane.

그녀는 어디 출신인가요?

Di dov'è lei?

너희는 어디 출신이니?

Di dove siete voi?

나는 이탈리아인이 아니다.

Io non sono italiano.

너는 중국인이 아니다.

Tu non sei cinese.

그녀는 스페인 사람이 아니다.

Lei non è spagnola.

우리는 일본인이 아니다.

Noi non siamo giapponesi.

너희는 한국인이 아니다.

Voi non siete coreane.

그녀는 로마 출신이에요.

Lei è di Roma.

우리는 밀라노 출신이에요.

Noi siamo di Milano.

너는 중국인이니?
Tu sei cinese?

아니, 나는 중국인이 아니야. 나는 한국인이야.
No, io non sono cinese. Io sono coreano.

너는 어디 출신이니?
Di dove sei tu?

나는 이탈리아인이야.
Io sono italiana.

당신은 어디 출신이세요?
Di dov'è lei?

저는 이탈리아인입니다. 저는 밀라노 출신이에요.
Io sono italiana. Io sono di Milano.

 이탈리아에 갈 때 기억해야 할 장소 표현을 알아봅시다.

la città [라 칕타]   도시

Duomo di Milano [두어모 디 미라노]   밀라노 두오모 (대성당)

1 다음 국가명을 이탈리아어로 써 보세요.

1. 대한민국 _____

2. 이탈리아 _____

3. 중국 _____

2 다음 문장을 이탈리아어로 바꿔 말하고 적어 보세요.

1. 나는 한국인이다. ➡ _____

2. 우리는 일본인이 아니에요. ➡ _____

3. 그녀는 로마 출신이에요. ➡ _____

정답 문제 **1** 1. Corea / 2. Italia / 3. Cina
문제 **2** 1. Io sono coreano/a. / 2. Noi non siamo giapponesi. / 3. Lei è di Roma.

Lezione

8

otto

너 어디야?

Lezione 8 전체
원어민 음원 듣기

Dove sei tu?
너 어디야?

Io sono a Seoul.
나는 서울에 있어.

준비 단어

🎧 MP3 08-02

dove
[도(v)붸]   어디, 어디에

a
[아]   (도시/장소)에, ~로

qui
[쿠이(퀴)]   여기에

casa
[카(z)자]   집

밑줄 쫙-
오늘의 문형 🎧 MP3 08-03

🍅 '~에, ~로'를 의미하는 전치사 a 뒤에 도시/장소명을 붙여서 '어느 곳에 (있다)', '어느 곳으로 (향한다)'는 뜻을 전달합니다.

a + 도시/장소 명칭

a casa	[아 카(z)자]	집에, 집으로
a Seoul	[아 쎄울]	서울에, 서울로
a Napoli	[아 나포리]	나폴리에, 나폴리로

🍅 essere 동사는 '(~에) 있다'라는 뜻을 나타낼 때도 사용됩니다.

> **Io sono a Seoul.**   나는 서울에 있다.
>
> **Lei è a Napoli.**   그녀는 나폴리에 있다.

🍅 누군가 어디에 있는지 궁금할 때 'Dove + essere + 주어?'로 물어볼 수 있습니다. 상대방이 약속 장소에 도착했는지 알고 싶을 때는 '여기에'를 의미하는 qui를 사용하여 '주어 + essere + qui?'라고 질문할 수 있습니다.

> **Dove sei tu?**   너는 어디야?
>
> **Tu sei qui?**   너는 여기에 있니?

너 어디야? → 어디에 / 있다 / 너는?

Dove sei tu?

나는 어디에 있지?

Dove sono io?

너희는 어디에 있니?

Dove siete voi?

나는 여기에 있어.

Io sono qui.

너는 여기에 있어.

Tu sei qui.

essere + a + 도시/장소

나는 서울에 있어.

Io sono a Seoul.

그는 부산에 있어.

Lui è a Busan.

당신은 로마에 있어요

Lei è a Roma.

우리는 밀라노에 있어.

Noi siamo a Milano.

너희는 나폴리에 있어.

Voi siete a Napoli.

그들은 집에 있어.

Loro sono a casa.

실력이 쭈~욱
오늘의 회화 🎧 MP3 08-04

너 어디야?
Dove sei tu?

나 여기에 있어!
Io sono qui!

너는 여기 있니?
Tu sei qui?

아니, 나는 집에 있어.
No, io sono a casa.

너희는 어디에 있니?
Dove siete voi?

우리는 나폴리에 있어.
Noi siamo a Napoli.

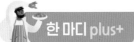 친구를 우리 집에 초대해 보세요.

l'invito [린(v)뷔토]   초대

Vieni a casa mia! [(v)뷔에니 아 카(z)자 미아]   우리 집에 놀러 와!

연습 문제

1 다음 이탈리아어 표현의 뜻을 써 보세요.

1. a casa

   _____

2. dove

   _____

3. qui

   _____

2 다음 문장을 이탈리아어로 바꿔 말하고 적어 보세요.

1. 나는 여기에 있어. ➡ _____

2. 너희는 어디에 있니? ➡ _____

3. 그들은 밀라노에 있어. ➡ _____

Ripetizioni

1~15 제시된 한국어 문장을 뜻하는 이탈리아어 문장을 고르세요.

1 안녕하세요! 반가워요!

   a. Buonasera! Sono Mario!

   b. Buongiorno! Piacere!

   c. Ehi, Ciao! Buonanotte!

2 저는 마리오예요.

   a. Io sono Mario.

   b. Tu sei Mario.

   c. Lui è Mario.

3 저는 아주 행복해요.

   a. Io sono molto dolce.

   b. Io sono molto gentile.

   c. Io sono molto felice.

4 그는 아주 착해.

   a. Lui è molto cattivo.

   b. Lui è molto brava.

   c. Lui è molto bravo.

5 너 진짜 나쁘다.

    a. Tu sei cattivissimo.

    b. Tu sei cattivissimi.

    c. Tu sei molta cattiva.

6 너는 어느 나라 사람이니?

    a. Di dove siete voi?

    b. Dove sei tu?

    c. Di dove sei tu?

7 나는 한국인이야.

    a. Io sono francese.

    b. Tu sei coreano/a.

    c. Io sono coreano/a.

8 나는 중국인이 아니야.

    a. Io non sono cinese.

    b. Io sono non cinese.

    c. Io non sono cinesi.

9 그녀는 스페인 사람이다.

a. Lei è spagnolo.

b. Lei è spagnola.

c. Lei è Spagna.

10 나는 서울 출신이야.

a. Io sono a Seoul.

b. Io sono di Seoul.

c. Io sono Seoul.

11 우리는 발레리나들이야.

a. Noi siamo dei ballerini.

b. Noi siamo delle ballerine.

c. Loro sono delle ballerine.

12 우리는 회사원이다.

a. Io sono un impiegato.

b. Noi siamo dei impiegati.

c. Noi siamo degli impiegati.

13 너희들 어디에 있니?

    a. Di dove siete voi?

    b. Dove siete voi?

    c. Dove siamo noi?

14 우리는 나폴리에 있어.

    a. Noi siamo di Napoli.

    b. Noi siamo a Napoli.

    c. Noi siamo Napoli.

15 그들은 집에 있어.

    a. Lui è a casa.

    b. Loro sono qui.

    c. Loro sono a casa.

정답 p. 66~69

1 b   **2** a   **3** c   **4** c   **5** a   **6** c   **7** c   **8** a   **9** b   **10** b
11 b   **12** c   **13** b   **14** b   **15** c

p. 70

1 Tu sei felice? / Sì, io sono molto felice.   **2** Io sono bravo? / No, tu non sei bravo.
3 Lei è un'impiegata? / Sì, lei è un'impiegata.   **4** Di dove siete voi? / Noi siamo di Roma.

대화를 이탈리아어로 말해 보세요. 그리고 말한 문장을 빈칸에 적어 보세요.

1. : 너는 행복해?

    _____

    : 응, 나는 매우 행복해.

    _____

2. : 나 착해?

    _____

    : 아니, 너는 착하지 않아.

    _____

3. : 그녀는 회사원이야?

    _____

    : 응, 그녀는 회사원이야.

    _____

4. : 너희는 어디 출신이니?

    _____

    : 우리는 로마 출신이야.

    _____

이탈리아 문화 돋보기

너는 어느 도시에서 왔니?

이탈리아는 각 지역과 도시마다 고유한 문화, 풍경, 요리 및 전통을 가지고 있어 문화적 다양성을 자랑합니다. 이탈리아의 행정구역은 가장 큰 단위인 레조네(Regione, 주), 중간 단위인 프로빈차(Provincia, 현), 그리고 가장 작은 단위인 코무네(Comune, 시)로 총 세 단계로 이루어져 있습니다.

이탈리아에는 총 20개의 주와 7000개가 넘는 코무네가 있습니다. 그중에서도 라치오 주(Regione Lazio)의 로마는 275만 명의 인구를 가진 가장 큰 코무네이며, 롬바르디아 주(Regione Lombardia)의 모르테로네(Morterone) 코무네는 30여 명의 주민만이 거주하는 가장 작은 코무네입니다.

이탈리아 사람이 "Di dove sei?(어디에서 왔니?)"라고 묻는 것은 단순히 어느 국가나 도시에서 왔는지 궁금해하는 것 이상의 의미를 지닙니다. 이 질문은 출신 지역에 따라 달라지는 상대방의 문화와 정체성을 이해하려는 관심의 표현으로 볼 수 있습니다.

Lezione
10
dieci

오늘은
토요일이다.

Lezione 10 전체
원어민 음원 듣기

Che **giorno** è oggi?

오늘은 무슨 요일이지?

Oggi è sabato.

오늘은 토요일이야.

🌶 준비 단어

🎧 MP3 10-02

🧂 **oggi**
[엊쥐]   오늘

🧂 **sabato**
[싸바토]   토요일

🧂 **domani**
[도마니]   내일

🧂 **domenica**
[도메니카]   일요일

🧂 **che**
[케]   무슨, 무엇

🧂 **weekend**
[위캔드]   주말

🍅 essere 동사인 è를 활용하여 오늘이 무슨 요일인지 말할 수 있습니다.

> 오늘은 토요일이야. → 오늘 / 이다 / 토요일
>
> ## Oggi è sabato.
> [엊쥐 애 싸바토]
>
> 오늘은 일요일이야. → 오늘 / 이다 / 일요일
>
> ## Oggi è domenica.
> [엊쥐 애 도메니카]

🍅 오늘이 무슨 요일인지 묻는 질문에 각 요일의 이름을 넣어서 대답해 보세요.

> 오늘은 무슨 요일이야 ? → 무슨 요일 / 이다 / 오늘?
>
> ## Che giorno è oggi?
> [케 죠르노 애 엊쥐]

월	화	수	목
lunedì [루네디]	martedì [마ㄹ테디]	mercoledì [메ㄹ콜레디]	giovedì [죠(v)붸디]

금	토	일	주말 통칭
venerdì [(v)붸네ㄹ디]	sabato [싸바토]	domenica [도메니카]	weekend [위캔ㄷ]

오늘은 __요일이다.

오늘은 무슨 요일이야?

Che giorno è oggi?

오늘은 월요일이다.

Oggi è lunedì.

오늘은 화요일이다.

Oggi è martedì.

오늘은 수요일이다.

Oggi è mercoledì.

오늘은 토요일이다.

Oggi è sabato.

내일은 __요일이다.

내일은 무슨 요일이야?

Che giorno è domani?

내일은 목요일이다.

Domani è giovedì.

내일은 금요일이다.

Domani è venerdì.

내일은 토요일이다.

Domani è sabato.

내일은 일요일이다.

Domani è domenica.

좋은 주말 보내!

Buon weekend!

오늘 무슨 요일이지?
Che giorno è oggi?

오늘은 금요일이야!
Oggi è venerdì!

내일은 토요일이구나!
Domani è sabato!

맞아. 좋은 주말 보내!
Sì! Buon weekend!

오늘은 일요일이야!
Oggi è domenica!

내일은 월요일이지.
Domani è lunedì.

 주말에 어울리는 인사말을 알아볼까요?

il riposo	[일 (r)리포(z)조]	휴식
Riposati bene!	[(r)리포(z)자티 배네]	푹 쉬어!

1 요일 명칭을 이탈리아어로 써 보세요.

1. 월요일

_____

2. 화요일

_____

3. 수요일

_____

4. 목요일

_____

5. 금요일

_____

6. 토요일

_____

7. 일요일

_____

2 다음 문장을 이탈리아어로 바꿔 말하고 적어 보세요.

1. 오늘은 무슨 요일이야? ➡ _____

2. 오늘은 일요일이야. ➡ _____

3. 좋은 주말 보내! ➡ _____

> **정답**
> 문제 **1** 1. lunedì / 2. martedì / 3. mercoledì / 4. giovedì / 5. venerdì / 6. sabato / 7. domenica
> 문제 **2** 1. Che giorno è oggi? / 2. Oggi è domenica. / 3. Buon weekend!

Lezione

11
undici

오늘은 아름다운
날이야!

Lezione 11 전체
원어민 음원 듣기

Oggi è una buona giornata!
오늘은 좋은 날이야!

Si, è un giorno felice!
응, 행복한 하루야!

준비 단어

🎧 MP3 11-02

giorno
[죠르노]   하루

giornata
[죠르나타]   하루, 반나절

sera
[쎄라]   저녁

serata
[쎄라타]   저녁 시간, 저녁 약속

밑줄 쫙-
오늘의 문형 🎧 MP3 11-03

🍅 부정관사 un/una는 하나의 것을 의미할 때나, 상대방과 나 사이에 정의되지 않은 것을 언급할 때 사용합니다.

부정관사 + 단수 명사	
un + 남성 단수 명사	un giorno
una + 여성 단수 명사	una giornata/sera/serata

🍅 부정관사 uno는 다음과 같은 경우에 쓰입니다.

's+자음'으로 시작하는 남성 단수 명사 앞

studente [스투댄테]   → uno studente 한 학생

spaghetto [스파겥토]   → uno spaghetto 하나의 스파게티

'ps', 'gn', 'z'로 시작하는 남성 단수 명사 앞

psicologo [ㅍ씨커로고]   → uno psicologo 한 심리학자

gnocco [녘코]   → uno gnocco 하나의 뇨키

zaino [(tz)자이노]   → uno zaino 하나의 백팩

🍅 모음으로 시작하는 여성 단수 명사 앞에는 부정관사 un'이 쓰입니다.

_a_mica [아미카]　　　　　　　→ un'**_a_mica** 한 명의 (여자인) 친구

_i_sola [이(z)조래]]　　　　　　→ un'**_i_sola** 하나의 섬

🍅 형용사 buono는 꾸며주는 명사의 성과 수에 따라 부정관사처럼 변화합니다.

남성 단수	남성 복수	여성 단수	여성 복수
buon buono	buoni	buona buon'	buone

- 이탈리아어에서 명사를 꾸며주는 형용사는 보통 명사의 뒤에 위치합니다.

　예 È una sera felice!　　È una serata felice!　　행복한 저녁이야!

- 형용사 buono는 꾸며주는 명사 앞에 위치하는 점에 주의하세요.

　예 È un buon giorno!　　È una buona giornata!　　좋은 하루야!

 너는 행복하니?
Tu sei felice?

응, 오늘은 좋은 날이야!
Sì, oggi è una buona giornata!

좋은 저녁이네!
È una buona serata!

 맞아, 행복한 저녁이야!
Sì, è una serata felice!

 친구에게 행복한 밤을 보내라고 인사해 보세요.

la notte [라 넡테]   밤

Buona notte! [부어나 넡테]   좋은 밤 보내세요!

연습 문제

1 다음 단어 앞에 알맞은 <u>부정관사</u>를 써 보세요.

1. _____ girono

2. _____ giornata

3. _____ serata

4. _____ studente

5. _____ amica

6. _____ spaghetto

2 한글 뜻에 알맞게 단어를 배열하여 문장을 완성하고 적어 보세요.

1. 오늘은 좋은 날이야!　　è / Oggi / buona / giornata / una / !

➡ _____

2. 좋은 저녁이야!　　buona / una / È / serata / !

➡ _____

3. 행복한 하루야!　　felice / giorno / un / È / !

➡ _____

Lezione
12
dodici

그 고양이는
귀여워.

Lezione 12 전체
원어민 음원 듣기

Il gatto è carino.
그 고양이는 귀여워.

La rana è piccola.
그 개구리는 작아.

준비 단어

🎧 MP3 12-02

🧂 **un gatto**		🧂 **il gatto**	
[운 갇토]	고양이 한 마리	[일 갇토]	그 고양이
🧂 **una rana**		🧂 **la rana**	
[우나 (r)라나]	개구리 한 마리	[라 (r)라나]	그 개구리
🧂 **carino**		🧂 **piccolo**	
[카리노]	귀여운, 사랑스러운	[픽코로]	작은

🍅 이탈리아어에서 정관사는 특정한 것, 보편적인 것을 의미할 때, 상대방과 나 사이에 정의된 것을 언급할 때 사용합니다.

🍅 정관사의 성과 수에 따른 변화에 주의하며 다음 표를 소리 내어 읽어 보세요.

남성 단수	남성 복수	여성 단수	여성 복수
il / lo, l' il gatto	i / gli i gatti	la, l' la rana	le le rane

한 마리의 고양이

un gatto

몇 마리의 고양이

dei gatti

그 고양이

il gatto

그 고양이들

i gatti

그 고양이는 귀엽다. → 그 / 고양이는 / 이다 / 귀여운

Il gatto è carino.

그 고양이들은 귀엽다. → 그 / 고양이들은 / 이다 / 귀여운

I gatti sono carini.

한 마리의 개구리

una rana

몇 마리의 개구리

delle rane

그 개구리

la rana

그 개구리들

le rane

그 개구리는 작다. → 그 / 개구리는 / 이다 / 작은

La rana è piccola.

그 개구리들은 작다. → 그 / 개구리들은 / 이다 / 귀여운

Le rane sono piccole.

그 개구리는 귀여워?
La rana è carina?

아니, 그 개구리는 귀엽지 않아.
No, la rana non è carina.

그 개구리들은 귀엽니?
Le rane sono carine?

응, 그 개구리들은 귀엽지.
Sì, le rane sono carine.

그 고양이들은 작아?
I gatti sono piccoli?

응, 그 고양이들은 작아.
Sì, i gatti sono piccoli.

 감탄사 '귀엽다!'를 말해 보세요.

il cagnolino [일 칸뇨리노]   강아지

Che carino! [케 카리노]   아, 귀여워!

콕콕 실력 확인
연습 문제

1 다음 단어 앞에 알맞은 <u>정관사</u>를 써 보세요.

1. _____ gatto

2. _____ rane

3. _____ cagnolini

2 다음 문장을 이탈리아어로 바꿔 말하고 적어 보세요.

1. 그 고양이는 귀엽다.   ➡ _____

2. 그 개구리들은 작다.   ➡ _____

3. 그 강아지는 귀엽다.   ➡ _____

정답 문제**1** 1. il/ 2. le/ 3. i
문제**2** 1. Il gatto è carino. / 2. Le rane sono piccole. / 3. Il cagnolino è carino.

Lezione
13
tredici

설탕은
달콤해요.

Lezione 13 전체
원어민 음원 듣기

한 눈에 쏙! 오늘의 표현

Lo zucchero è dolce.
설탕은 달콤해요.

Gli spaghetti sono buoni.
그 스파게티는 맛있어요.

준비 단어

🎧 MP3 13-02

lo spaghetto [로 스파겔토]	스파게티	gli spaghetti [리 스파겔티]	스파게티들
lo zucchero [로 쭉케로]	설탕	gli zuccheri [리 쭉케리]	설탕들
l'isola [리(z)조라]	섬	le isole [레 이(z)조레]	섬들
l'amica [라미카]	(여) 친구	le amiche [레 아미케]	(여) 친구들

밑줄 쫙-
오늘의 문형 🎧 MP3 13-03

🍅 정관사 lo는 's+자음', 'ps', 'gn', 'z'로 시작하는 남성 단수 명사 앞에 쓰입니다.

lo **st**udente [로 스투댄테]	(그) 학생
lo **sp**aghetto [로 스파겔토]	(그) 스파게티
lo **ps**icologo [로 ㅍ씨커로고]	(그) 심리학자
lo **gn**occo [로 녴코]	(그) 뇨키
lo **z**aino [로 (tz)자이노]	(그) 백팩

🍅 정관사 l'는 모음으로 시작하는 남성/여성 단수 명사 앞에 쓰입니다.

l'**a**mico [라미코]	(그) 남자인 친구
l'**o**rologio [로로러죠]	(그) 시계
l'**a**mica [라미카]	(그) 여자인 친구
l'**i**sola [리(z)조라]	(그) 섬

🍅 정관사 gli는 정관사 lo와 l'의 복수형으로 's+자음', 'ps', 'gn', 'z' 또는 모음으로 시작하는 남성 복수 명사 앞에 쓰입니다.

gli **studenti**   gli **psicologi**   gli **gnocchi**   gli **zaini**   gli **amici**

🍓 정관사 변화표를 복습해 봅시다.

남성 단수	남성 복수	여성 단수	여성 복수
il gatto lo spaghetto l'amico	i gatti gli spaghetti gli amici	la rana l'amica	le rane le amiche

그 남학생은 훌륭하다. → 그 남학생은 / 이다 / 훌륭한

Lo studente è bravo.

그 스파게티(복수)는 맛있다. → 그 스파게티들은 / 이다 / 좋은

Gli spaghetti sono buoni.

그 설탕은 달콤하다.

Lo zucchero è dolce.

그 설탕들은 달콤하다.

Gli zuccheri sono dolci.

그 (여)친구는 착하다.

L'amica è brava.

그 (여)친구들은 착하다.

Le amiche sono brave.

그 섬은 작다.

L'isola è piccola.

그 섬들은 작다.

Le isole sono piccole.

실력이 쭈~욱
오늘의 회화 🎧 MP3 13-04

스파게티는 맛있니?
Gli spaghetti sono buoni?

맞아, 스파게티는 맛있어.
Sì, gli spaghetti sono buoni.

그 섬은 작아?
L'isola è piccola?

맞아, 그 섬은 아주 작아.
Sì, l'isola è molto piccola.

감탄사 '맛있다!'를 말해 보세요.

gli gnocchi [리 녘키]   뇨키

È delizioso! [애 델릴치오(z)조]   맛있네!

콕콕 실력 확인

연습 문제

1 다음 단어 앞에 알맞은 <u>정관사</u>를 써 보세요.

1. _____ spaghetti

2. _____ isola

3. _____ gnocco

2 다음 문장을 이탈리아어로 바꿔 말하고 적어 보세요.

1. 그 남학생은 훌륭하다. ➡ _____

2. 그 스파게티(복수)는 맛있다. ➡ _____

3. 그 설탕은 달콤하다. ➡ _____

정답 문제 **1** 1. gli / 2. l' / 3. lo
문제 **2** 1. Lo studente è bravo. / 2. Gli spaghetti sono buoni. / 3. Lo zucchero è dolce.

Lezione

14

quattordici

이것은 이탈리아 와인이다.

Lezione 14 전체
원어민 음원 듣기

Queste mele sono rosse.
이 사과들은 빨개.

Queste sono francesi.
이것들은 프랑스산이야.

준비 단어

🎧 MP3 14-02

🧂 **il vino**
[일 (v)뷔노]   와인

🧂 **la mela**
[라 메라]   사과

🧂 **rosso**
[(r)롯쏘]   붉은, 빨간

🧂 **bianco**
[비안코]   하얀

🧂 **questo**   이~, 이것의
[쿠에스토]   이것, 이 사람

🍅 이탈리아어에서 관사와 형용사는 항상 명사의 성과 수에 맞게 변화합니다.
관사-명사-형용사의 성과 수 일치에 주의하며 다음 표를 읽어 보세요.

(하나의) 레드 와인
un vino rosso

(그) 레드 와인
il vino rosso

(그) 레드 와인들
i vini rossi

(하나의) 빨간 사과
una mela rossa

(그) 빨간 사과
la mela rossa

(그) 빨간 사과들
le mele rosse

🍅 questo는 영어의 this와 같은 의미를 지닌 지시형용사 겸 지시대명사입니다.

questo 이~, 이것의 / 이것, 이 사람

남성 단수	남성 복수	여성 단수	여성 복수
questo	questi	questa	queste

이 와인은 이탈리아산이다. → 이 / 와인은 / 이다 / 이탈리아의

Questo vino è italiano.

이것은 이탈리아산이다. → 이것은 / 이다 / 이탈리아의

Questo è italiano.

이 와인들은 이탈리아산이다.	이것들은 이탈리아산이다.
Questi vini sono italiani.	Questi sono italiani.
이 사과는 빨갛다.	이것은 빨갛다.
Questa mela è rossa.	Questa è rossa.
이 사과들은 빨갛다.	이것들은 빨갛다.
Queste mele sono rosse.	Queste sono rosse.
이 와인은 프랑스산이다.	이것은 프랑스산이다.
Questo vino è francese.	Questo è francese.
이 와인들은 프랑스산이다.	이것들은 프랑스산이다.
Questi vini sono francesi.	Questi sono francesi.
이것은 프랑스산이 아니다.	이것들은 프랑스산이 아니다.
Questo non è francese.	Questi non sono francesi.

실력이 쭈~욱
오늘의 회화 🎧 MP3 14-04

이 와인은 이탈리아산이니?
Questo vino è italiano?

맞아. 이것은 이탈리아산이야.
Sì, questo è italiano.

이 와인은 프랑스산이니?
Questo vino è francese?

아니, 이것은 프랑스산이 아니야.
No, questo non è francese.

 와인을 마실 때 '건배!'라고 말해 보세요.

il vino bianco [일 (v)뷔노 비안코]   화이트 와인

Cin cin! [친 친]   짠!

연습 문제

1 다음 단어 앞에 지시형용사 questo를 알맞은 형태로 써 보세요.

1. _____ vino

2. _____ vini

3. _____ mela

2 다음 문장을 보기와 같이 지시대명사 questo를 사용한 문장으로 바꿔 보세요.

Questo vino è italiano. → Questo è italiano.

1. Questi vini sono italiani.

➡ _____

2. Queste mele sono rosse.

➡ _____

3. Questo vino è francese.

➡ _____

정답 문제 **1** 1. questo / 2. questi / 3. questa
문제 **2** 1. Questi sono italiani. / 2. Queste sono rosse. / 3. Questo è francese.

Lezione

15

quindici

저것은
모짜렐라다.

Lezione 15 전체
원어민 음원 듣기

> Quella è una mozzarella.
> 저것은 모짜렐라야.

> Quel formaggio è italiano.
> 저 치즈는 이탈리아산이야.

준비 단어

🎧 MP3 15-02

il formaggio		napoletano	
[일 (f)포르맞죠]	치즈	[나포레타노]	나폴리(인)의
la mozzarella	모짜렐라	Roma	
[라 몰차랠라]	치즈	[로마]	로마
la ricotta	리코타	romano	
[라 (rr)리콭타]	치즈	[로마노]	로마(인)의
Napoli		quello	저~, 저것의
[나포리]	나폴리	[쿠엘로]	저것, 저 사람

밑줄 쫙-
오늘의 문형 🎧 MP3 15-03

🍅 quello는 영어의 that와 같은 의미를 지닌 지시형용사 겸 지시대명사입니다.

🍅 지시대명사(저것, 저 사람)로 쓰인 quello는 다음과 같이 변화합니다.

남성 단수	남성 복수	여성 단수	여성 복수
quello	quelli	quella	quelle

🍅 지시형용사(저~, 저것의)로 쓰인 quello는 정관사처럼 변화합니다.

남성 단수	남성 복수	여성 단수	여성 복수
quel	quei	quella quell'	quelle
quello quell'	quegli		

남성 단수	남성 복수
quel formaggio 저 치즈 quello spaghetto 저 스파게티 quell'amico 저 친구	quei formaggi 저 치즈들 quegli spaghetti 저 스파게티들 quegli amici 저 친구들

여성 단수	여성 복수
quella mozzarella 저 모짜렐라 quell'amica 저 친구	quelle mozzarelle 저 모짜렐라들 quelle amiche 저 친구들

저 치즈는 이탈리아산이다. → 저 / 치즈는 / 이다 / 이탈리아의

Quel formaggio è italiano.

저것은 치즈다. → 저것은 / 이다 / 치즈

Quello è un formaggio.

저 리코타는 로마산이다. → 저 / 리코타는 / 이다 / 로마의

Quella ricotta è romana.

저 리코타들은 로마산이다. → 저 / 리코타들은 / 이다 / 로마의

Quelle ricotte sono romane.

저 모짜렐라는 나폴리산이다. → 저 / 모짜렐라는 / 이다 / 나폴리의

Quella mozzarella è napoletana.

저것은 모짜렐라다. → 저것은 / 이다 / 모짜렐라

Quella è una mozzarella.

실력이 쭈~욱
오늘의 회화 🎧 MP3 15-04

저것은 모짜렐라야?
Quella è una mozzarella?

아니, 저것은 리코타 치즈야.
No, quella è una ricotta.

저 리코타치즈는 나폴리산이니?
Quella ricotta è napoletana?

아니, 저것은 로마산이야.
No, quella è romana.

 '고르곤졸라'의 두 가지 쓰임을 알아볼까요?

il gorgonzola [일 고르곤(z)저라]	고르곤졸라 (-a로 끝나지만 남성명사)
Gorgonzola [고르곤(z)저라]	고르곤졸라 (밀라노 근교의 도시)

연습 문제

1 다음 단어 앞에 지시형용사 quello를 알맞은 형태로 써 보세요.

1. _____ formaggio

2. _____ spaghetti

3. _____ mozzarella

2 다음 문장을 보기와 같이 지시대명사 quello를 사용한 문장으로 바꿔 보세요.

> 보기
>
> Quel formaggio è italiano. → Quello è italiano.

1. Quelle ricotte sono romane.

➡ _____

2. Quei formaggi sono italiani.

➡ _____

3. Quella mozzarella è napoletana.

➡ _____

정답 문제 **1** 1. quel / 2. quegli / 3. quella
문제 **2** 1. Quelle sono romane. / 2. Quelli sono italiani. / 3. Quella è napoletana.

Lezione

16
sedici

도서관에 책이 많이 있다.

Lezione 16 전체
원어민 음원 듣기

한 눈에 쏙! 오늘의 표현

Cosa c'è in biblioteca?
도서관에 뭐가 있어?

Ci sono tanti libri.
책이 많이 있지.

준비 단어

🎧 MP3 16-02

🧂 esserci		🧂 la persona	
[앳세ㄹ취]	~이/가 있다	[라 페르쏘나]	사람
🧂 Cosa c'e?		🧂 tanto	
[커(z)자 췌]	무엇이 있니?	[탄토]	많은
🧂 il caffè		🧂 la biblioteca	
[일 캎풰]	커피	[라 비브리오태카]	도서관
🧂 il libro		🧂 in biblioteca	
[일 리브로]	책	[인 비브리오태카]	도서관에

🍅 이탈리아어로 숫자 1~10을 세어 봅시다.

1	2	3	4	5
uno [우노]	due [두에]	tre [트레]	quattro [콸트로]	cinque [췬쿠에]

6	7	8	9	10
sei [쌔이]	sette [쌜테]	otto [얻토]	nove [너(v)붸]	dieci [디애취]

🍅 esserci 동사는 '~이/가 있다'는 의미를 나타내며 시제 변화한 essere 동사 앞에 ci가 붙는 형태입니다. 주로 3인칭 표현인 c'è와, ci sono를 사용하여 어떠한 사물 또는 사람이 존재한다는 것을 표현합니다.

Io	ci sono	Noi	ci siamo
Tu	ci sei	Voi	ci siete
Lui/Lei/Lei	ci è → c'è	Loro	ci sono

🍅 무엇이 있는지 질문할 때 esserci 동사를 활용하여 'Cosa c'è? [커(z)자 췌]'라고 물을 수 있습니다.

c'è + 단수 명사

커피가 한 잔 있다. → ~가 있다 / 하나 / 커피

C'è un caffè.

책이 한 권 있다.

C'è un libro.

한 사람이 있다.

C'è una persona.

ci sono + 복수 명사

커피가 두 잔 있다. → ~가 있다 / 둘 / 커피

Ci sono **due caffè.**

다섯 명의 사람이 있다.

Ci sono **cinque persone.**

많은 책들이 있다.

Ci sono **tanti libri.**

도서관에 많은 책들이 있다.

Ci sono **tanti libri in biblioteca.**

도서관에 많은 사람들이 있다.

Ci sono **tante persone in biblioteca.**

실력이 쭈~욱

오늘의 회화  MP3 16-04

 도서관에 뭐가 있어?
Cosa c'è **in biblioteca?**

책이 많이 있지.
Ci sono **tanti libri.**

 커피가 세 잔 있어.
Ci sono **tre caffè.**

아니야, 커피는 두 잔 있어.
No, ci sono **due caffè.**

 열 명의 사람이 있어.
Ci sono **dieci persone.**

맞아. 사람들이 많이 있네.
Sì, ci sono **tante persone.**

 조금만 달라는 부탁을 이렇게 해 보세요.

un poco (un po') [운 퍼코 (운 퍼)]   조금, 약간

Un poco, per favore. [운 퍼코, 페르 (f)퐈(v)보레]   조금만 주세요.

1 다음 단어의 뜻을 써 보세요.

1. la biblioteca

_____

2. la persona

_____

3. tanto

_____

2 다음 문장을 이탈리아어로 바꿔 말하고 적어 보세요.

1. 커피가 한 잔 있다.

➡ _____

2. 책이 한 권 있다.

➡ _____

3. 도서관에 사람이 많이 있다.

➡ _____

정답 문제 **1** 1. 도서관 / 2. 사람 / 3. 많은
문제 **2** 1. C'è un caffè. / 2. C'è un libro. / 3. Ci sono tante persone in biblioteca.

Lezione

17
diciassette

나는 스무 살이야.

Lezione 17 전체
원어민 음원 듣기

> **Quanti anni hai (tu)?**
> 몇 살이야?

> **Io ho vent'anni.**
> 나는 스무 살이야.

준비 단어

🎧 MP3 17-02

anno
[안노]   해, 년

quanto
[쿠안토]   얼마만큼의

avere
[아(v)붸레]   가지다

fame
[(f)파메]   배고픔

sete
[쎄떼]   목마름

밑줄 쫙-
오늘의 문형 🎧 MP3 17-03

🍅 이탈리아어로 숫자 11~20을 세어 봅시다.

11	12	13	14	15
undici	dodici	tredici	quattordici	quindici
[운디취]	[도디취]	[트레디취]	[쾉토르디취]	[퀸디취]

16	17	18	19	20
sedici	diciassette	diciotto	diciannove	venti
[쎄디취]	[디챧쌜테]	[디쳩토]	[디챤너(v)붸]	[(v)붼티]

🍅 quanto는 '얼마만큼의'를 의미하는 의문형용사로 꾸며주는 명사의 성과 수에 따라 다음과 같이 변화합니다.

남성 단수	남성 복수	여성 단수	여성 복수
quanto	quanti	quanta	quante

🍅 avere 동사는 '가지다'는 의미를 나타내며 주어의 인칭과 수에 따라 다음과 같이 변화합니다. 다음 표를 소리 내어 읽어 보세요.

Io	ho	Noi	abbiamo
Tu	hai	Voi	avete
Lui/Lei/Lei	ha	Loro	hanno

avere + ___ anni: ___살이다

너는 몇 살이야? → 얼마나 / 나이를 / 가진다 (너는)?

Qunati anni hai (tu)?

나는 11살이야. → 나는 / 가진다 / 11살

Io ho undici anni.

너는 12살이야. → 너는 / 가진다 / 12살

Tu hai dodici anni.

마리오는 13살이야.

Mario ha tredici anni.

우리는 14살이야.

Noi abbiamo quattordici anni.

너희는 15살이야.

Voi avete quindici anni.

그들은 19살이야.

Loro hanno diciannove anni.

avere fame: 배고프다

나 배고파. → 나 / 가지다 / 배고픔

Io ho fame.

너 배고프니?

Tu hai fame?

avere sete: 목마르다

우리는 목이 마르다. → 우리 / 가지다 / 갈증

Noi abbiamo sete.

너희는 목이 마르다.

Voi avete sete.

그들은 목이 마르다.

Loro hanno sete.

실력이 쭈~욱

오늘의 회화 🎧 MP3 17-04

너는 몇 살이니?
Quanti anni hai (tu)?

나는 스무 살이야.
(Io) Ho vent'anni.

너 배고파?
(Tu) Hai fame?

아니, 하지만 목이 말라.
No, ma (io) ho sete.

 정말 배고플 때 이렇게 말해 보세요.

il ristorante [일 (r)리ㅅ토란테]	식당, 레스토랑
Ho fame da morire! [어 (f)파메 다 모리레]	배고파 죽겠다!

연습 문제

1 다음 숫자를 이탈리아어로 써 보세요.

1. 10 _____

2. 5 _____

3. 8 _____

4. 17 _____

5. 20 _____

6. 12 _____

2 다음 빈칸에 avere 동사의 알맞은 변화형을 적어 보세요.

1. Io _____ undici anni.　　　　나는 11살이야.

2. Lei _____ fame?　　　　당신은 배가 고프신가요?

3. Noi _____ sete.　　　　우리는 목이 마르다.

Ripetizioni

1~15 제시된 한국어 문장을 뜻하는 이탈리아어 문장을 고르세요.

1 오늘은 토요일이야!

    a. Oggi è domenica!

    b. Oggi è sabato!

    c. Oggi è lunedì!

답

2 좋은 주말 보내!

    a. Buona serata!

    b. Buon weekend!

    c. Buona giornata!

답

3 행복한 저녁이야!

    a. È una serata felice!

    b. È una giornata felice!

    c. È una persona felice!

답

4 좋은 밤 보내세요!

    a. Buona giornata!

    b. Buona notte!

    c. Buongiorno!

답

5 그 고양이는 귀여워.

    a. Il cagnolino è carino.

    b. La rana è carina.

    c. Il gatto è carino.

6 그 개구리들은 작다.

    a. Le rane sono grandi.

    b. Le rane sono cattive.

    c. Le rane sono piccole.

7 그 스파게티는 맛있어.

    a. Gli spaghetti sono dolci.

    b. Gli spaghetti sono buoni.

    c. Gli spaghetti sono piccoli.

8 맛있네!

    a. È dolce!

    b. È felice!

    c. È delizioso!

9 그 남학생은 훌륭하다.

    a. Lo studente è bravi.

    b. Lo studente è bravo.

    c. Il studente è bravo.

10 이 와인은 이탈리아산이다.

    a. Questo vino è Italia.

    b. Questo vino è italiano.

    c. Questa vina è italiana.

11 이것들은 프랑스산이다.

    a. Questi sono francia.

    b. Questi sono italiani.

    c. Questi sono francesi.

12 저것은 모짜렐라다.

    a. Quella mozzarella è napoletana.

    b. Quella mozzarella è buona.

    c. Quella è una mozzarella.

13 저 치즈는 이탈리아산이다.

　　a. Quello formaggio è italiano.

　　b. Quel formaggio è italiano.

　　c. Quell' formaggio è italiano.

14 도서관에 사람이 많이 있다.

　　a. Ci sono tanti libri in biblioteca.

　　b. Ci sono tanti personi in biblioteca.

　　c. Ci sono tante persone in biblioteca.

15 그들은 19살이야.

　　a. Loro sono 19 anni.

　　b. Loro abbiamo 19 anni.

　　c. Loro hanno 19 anni.

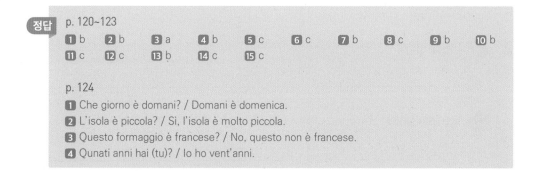

정답 　p. 120~123

1 b 　**2** b 　**3** a 　**4** b 　**5** c 　**6** c 　**7** b 　**8** c 　**9** b 　**10** b

11 c 　**12** c 　**13** b 　**14** c 　**15** c

p. 124

1 Che giorno è domani? / Domani è domenica.

2 L'isola è piccola? / Sì, l'isola è molto piccola.

3 Questo formaggio è francese? / No, questo non è francese.

4 Qunati anni hai (tu)? / Io ho vent'anni.

복습 회화

대화를 이탈리아어로 말해 보세요. 그리고 말한 문장을 빈칸에 적어 보세요.

1. : 내일은 무슨 요일이야?

    _____

     : 내일은 일요일이야.

    _____

2. : 그 섬은 작아?

    _____

     : 응, 그 섬은 아주 작아.

    _____

3. : 이 치즈는 프랑스산이니?

    _____

     : 아니, 이것은 프랑스 산이 아니야.

    _____

4. : 너는 몇 살이니?

    _____

     : 나는 스무 살이야.

    _____

이탈리아 문화 돋보기

고르곤졸라 치즈는 어떻게 탄생했을까?

이탈리아에는 우리가 잘 알고 있는 모짜렐라, 리코타, 파마산 치즈뿐 아니라, 아시아고(Asiago), 카쵸카발로(Caciocavallo) 등 500 종류가 넘는 치즈가 존재합니다. 이 중 독특한 풍미로 유명한 고르곤졸라 치즈의 유래를 알고 계셨나요?

고르곤졸라는 매우 역사가 깊은 치즈로 그 기원에 대해서는 여러 가지 설이 있습니다. 그 중 유력한 설은 879년경 고르곤졸라 코무네에서 처음 만들어졌다는 주장입니다. 한 치즈 제조업자가 연인과 데이트에 푹 빠진 나머지 하룻밤 동안 응고된 우유를 잊어버리고 말았는데, 다음날 자신의 실수를 수습하

려고 이를 신선한 우유와 혼합하였습니다. 몇 달 후 치즈에 푸른 곰팡이가 생겨서 맛보니 독특한 맛을 내는 것을 발견하였고, 이것이 바로 고르곤졸라가 되었다는 이야기입니다.

고르곤졸라의 인기는 탄생 이후 비교적 느리지만 꾸준히 확산되었습니다. 현재는 원산지 명칭 보호법에 따라서 북부 이탈리아에 위치한 롬바르디아와 피에몬테 사이의 지역에서 생산된 우유로 제조된 치즈만 '고르곤졸라'라는 명칭을 사용할 수 있습니다. 주요 생산 지역으로는 노바라, 베르가모, 브레시아, 코모, 밀라노 등이 있습니다.

Lezione

19

diciannove

나는 밀라노에 살아.

Lezione 19 전체
원어민 음원 듣기

Dove abiti tu?
너는 어디에 살아?

Io abito a Milano.
나는 밀라노에 살아.

 준비 단어　　　　　　　　　　　🎧 MP3 19-02

🧂 **dove**
[도(v)붸]　　　　　　　　　　　어디, 어디에

🧂 **a**
[아]　　　　　　　　　　　　~에, ~로

🧂 **abitare**
[아비타레]　　　　　　　　　　거주하다, 살다

밑줄 쫙-

오늘의 문형 🎧 MP3 19-03

🍅 이탈리아어 동사의 어미는 크게 -are, -ere, -ire로 구분됩니다. 현재 시제에서 동사의 어미는 주어의 인칭과 수에 따라 다음과 같이 변화합니다.

-are		-ere		-ire	
-o	-iamo	-o	-iamo	-o	-iamo
-i	-ate	-i	-ete	-i	-ite
-a	-ano	-e	-ono	-e	-ono

🍅 abitare 동사는 '거주하다, 살다'를 의미하고 -are 동사 변화형을 따릅니다. 다음 동사 변화표를 소리 내어 읽어 보세요.

Io	abito	Noi	abitiamo
Tu	abiti	Voi	abitate
Lui/Lei/Lei	abita	Loro	abitano

나는 거주한다.

Io abito.

너는 거주한다.

Tu abiti.

나는 어디에 거주하지?

Dove abito io?

나는 밀라노에 거주한다.

Io abito a Milano.

너는 어디에 거주하니?

Dove abiti tu?

너는 서울에 거주한다.

Tu abiti a Seoul.

당신은 어디에 거주하나요?

Dove abita lei?

당신은 밀라노에 거주합니다.

Lei abita a Milano.

우리는 어디에 거주하지?

Dove abitiamo noi?

우리는 서울에 거주합니다.

Noi abitiamo a Seoul.

너희는 부산에 거주한다.

Voi abitate a Busan.

그들은 나폴리에 거주한다.

Loro abitano a Napoli.

Flory's Tip

이탈리아어의 경우 동사 변화를 통한 주어 유추가 가능하므로 실생활에서 이탈리아어를 사용할 때 주어를 생략합니다. 하지만 본 교재에서는 동사 변화에 익숙해질 수 있도록 주어를 살려서 연습합니다.

실력이 쭈~욱

오늘의 회화 🎧 MP3 19-04

당신은 어디 사세요?
Dove abita lei?

저는 부산에 살아요.
Io abito a Busan.

너희는 어디 사니?
Dove abitate voi?

우리는 피렌체에 살아.
Noi abitiamo a Firenze.

 숙소를 구할 때 이렇게 말해 보세요.

la stanza [라 스탄(tz)차]   방

Cerco una stanza! [췌르코 우나 스탄(tz)차]   방을 찾습니다!

연습 문제

1 빈칸에 abitare 동사의 알맞은 현재시제 변화형을 써 보세요.

1. Dove _____ tu?   너는 어디에 거주하니?

2. Io _____ a Milano.   나는 밀라노에 거주한다.

3. Noi _____ a Seoul.   우리는 서울에 거주합니다.

2 다음 문장을 이탈리아어로 바꿔 말하고 적어 보세요.

1. 우리는 피렌체에 살아.

➡ _____

2. 저는 부산에 살아요.

➡ _____

3. 그들은 나폴리에 거주한다.

➡ _____

정답 문제 **1** 1. abiti / 2. abito / 3. abitiamo
문제 **2** 1. Noi abitiamo a Firenze. / 2. Io abito a Busan. / 3. Loro abitano a Napoli.

Lezione
20
venti

우리는
이탈리아어를 배워.

Lezione 20 전체
원어민 음원 듣기

> **Che cosa imparate voi?**
> 너희는 무엇을 배우니?

> **Noi impariamo l'italiano.**
> 우리는 이탈리아어를 배워.

준비 단어

🎧 MP3 20-02

🧂 **imparare**
[임파라레] 배우다

🧂 **lavorare**
[라(v)보라레] 일하다

🧂 **che cosa**
[케 커(z)자] 무엇

🧂 **a**
[아] ~에서

🧂 **l'italiano**
[리타리아노] 이탈리아어

🧂 **l'inglese**
[린그레(z)제] 영어

🧂 **il canto lirico**
[일 칸토 리리코] 성악

🍅 imparare는 '배우다', lavorare는 '일하다'를 뜻하고 두 동사 모두 -are 동사 변화형을
따릅니다. 다음 동사 변화표를 소리 내어 읽어 보세요.

imparare

Io	imparo	Noi	impariamo
Tu	impari	Voi	imparate
Lui/Lei/Lei	impara	Loro	imparano

lavorare

Io	lavoro	Noi	lavoriamo
Tu	lavori	Voi	lavorate
Lui/Lei/Lei	lavora	Loro	lavorano

🍅 '무엇'을 의미하는 표현인 che cosa를 활용하여 상대에게 무엇을 배우는지 물어볼 수 있습
니다.

> 너는 무엇을 배워? → 무엇을 / 배우다 / 너는
> ## Che cosa impari tu?
> [케   커(z)자   임파리   투]

imparare: 배우다

나는 무엇을 배우지?

Che cosa imparo io?

너는 무엇을 배우니?

Che cosa impari tu?

그는 이탈리아어를 배운다.

Lui impara l'italiano.

여러분은 성악을 배워요.

Voi imparate il canto lirico.

나는 이탈리아어를 배운다.

Io imparo l'italiano.

너는 영어를 배운다.

Tu impari l'inglese.

우리는 성악을 배워요.

Noi impariamo il canto lirico.

마리아와 라우라는 영어를 배운다.

Maria e Laura imparano l'inglese.

lavorare: 일하다 / lavorare a ~: ~에서 일하다

너는 어디에서 일하니?

Dove lavori tu?

너희는 어디에서 일하니?

Dove lavorate voi?

그들은 어디에서 일하니?

Dove lavorano loro?

나는 서울에서 일한다.

Io lavoro a Seoul.

우리는 밀라노에서 일한다.

Noi lavoriamo a Milano.

그들은 로마에서 일한다.

Loro lavorano a Roma.

너는 어디서 일하니?
Dove lavori **tu?**

나는 밀라노에서 일해.
Io lavoro **a Milano.**

너희는 무엇을 배우니?
Che cosa imparate **voi?**

우리는 이탈리아어를 배워.
Noi impariamo **l'italiano.**

너희는 어디서 일하니?
Dove lavorate **voi?**

우리는 일하지 않아. 우리는 영어를 배워
Noi non lavoriamo.
Noi impariamo **l'inglese.**

한 마디 plus+ 출석 체크할 때 이렇게 말해 보세요.

la scuola [라 스쿠어라]   학교

Presente! [프레(z)잰테]   출석했습니다!

연습 문제

1 빈칸에 imparare 동사의 알맞은 현재시제 변화형을 써 보세요.

1. Che cosa _____ voi?　　　너희는 무엇을 배우니?

2. Noi _____ l'italiano.　　　우리는 이탈리아어를 배워.

3. Tu _____ l'inglese.　　　너는 영어를 배운다.

2 빈칸에 lavorare 동사의 알맞은 현재시제 변화형을 써 보세요.

1. Loro _____ a Seoul.　　　그녀들은 서울에서 일해.

2. Dove _____ tu?　　　너는 어디서 일하니?

3. Io _____ a Milano.　　　나는 밀라노에서 일해.

정답 　문제 **1** 1. imparate / 2. impariamo / 3. impari
　　　문제 **2** 1. lavorano / 2. lavori / 3. lavoro

Lezione
21
ventuno

우리는 파스타를
먹는다.

Lezione 21 전체
원어민 음원 듣기

Che cosa mangiate voi?
너희는 무엇을 먹니?

Noi mangiamo la pasta.
우리는 파스타를 먹어.

준비 단어
🎧 MP3 21-02

🧂 **mangiare**
[만좌레] 먹다

🧂 **la pasta**
[라 파스타] 파스타

🧂 **la frutta**
[라 (f)프룉타] 과일

🧂 **tutti i giorni**
[퉅티 이 죠르니] 매일

🧂 **la verdura**
[라 (v)붸르두라] 채소

🧂 **viaggiare**
[(v)뷔앗좌레] 여행하다

🧂 **la carne**
[라 카르네] 고기

🧂 **in**
[인] ~ 안에, ~에서

밑줄 쫙~
오늘의 문형 🎧 MP3 21-03

🍅 mangiare는 '먹다', viaggiare는 '여행하다'를 뜻하고 두 동사 모두 –are 동사 변화형을 따릅니다. 다음 동사 변화표를 소리 내어 읽어 보세요.

mangiare

Io	mangio	Noi	mangiamo
Tu	mangi	Voi	mangiate
Lui/Lei/Lei	mangia	Loro	mangiano

viaggiare

Io	viaggio	Noi	viaggiamo
Tu	viaggi	Voi	viaggiate
Lui/Lei/Lei	viaggia	Loro	viaggiano

🍅 '매일'을 의미하는 표현인 tutti i giorni를 활용하여 매일 반복하여 하는 행동에 대해 말할 수 있습니다.

나는 매일 파스타를 먹어. → 나는 / 먹는다 / 파스타를 / 매일
Io mangio la pasta tutti i giorni.
[이오 만죠   라 파스타   툴티 이 죠르니]

140 한권 한달 완성 이탈리아어 말하기 Lv. 1

mangiare: 먹다

너는 무엇을 먹니?

Che cosa mangi **tu?**

나는 파스타를 먹어.

Io mangio **la pasta.**

그녀는 과일을 먹어.

Lei mangia **la frutta.**

우리는 고기를 먹어.

Noi mangiamo **la carne.**

너희는 매일 야채를 먹는구나.

Voi mangiate **le verdure tutti i giorni.**

이탈리아인들은 매일 파스타를 먹어.

Gli italiani mangiano **la pasta tutti i giorni.**

viaggiare: 여행하다 / viaggiare in + 국가명: ~를 여행하다

너는 어디를 여행하니?

Dove viaggi **tu?**

나는 이탈리아를 여행해.

Io viaggio **in Italia.**

Flory's Tip

1인칭 복수(Noi)의 직설법 현재 동사가 쓰인 문장을 '우리 ~하자', '우리 ~할까?'와 같은 청유의 의미로 사용할 수 있습니다.

예 (Noi) Mangiamo la pasta. 우리 파스타 먹자.

너는 무엇을 먹니?
Che cosa mangi **tu?**

나는 고기를 먹어.
Io mangio **la carne.**

이탈리아 사람들은 무엇을 먹니?
Che cosa mangiano **gli italiani?**

그들은 파스타를 먹어.
Loro mangiano **la pasta.**

너는 어디를 여행하니?
Dove viaggi **tu?**

나는 이탈리아를 여행해.
Io viaggio **in Italia.**

 밥 먹기 전에 이렇게 말해 보세요.

l'appetito [랍페티토]   식욕

Buon appetito! [부언 앞페티토]   식사 맛있게 하세요!

연습 문제

1 빈칸에 mangiare 동사의 알맞은 현재시제 변화형을 써 보세요.

1. Che cosa _____ tu?　　　　너는 무엇을 먹니?

2. Io _____ la pasta.　　　　나는 파스타를 먹어.

3. Lei _____ la frutta.　　　　그녀는 과일을 먹어.

2 빈칸에 viaggiare 동사의 알맞은 현재시제 변화형을 써 보세요.

1. Noi _____ in Corea.　　　　우리는 한국을 여행한다.

2. Dove _____ voi?　　　　너희는 어디를 여행하니?

3. Loro _____ a Seoul.　　　　그들은 서울을 여행한다.

정답　문제 **1** 1. mangi / 2. mangio / 3. mangia
　　　문제 **2** 1. viaggiamo / 2. viaggiate / 3. viaggiano

Lezione

22

ventidue

우리 커피 마실까?

Lezione 22 전체
원어민 음원 듣기

한 눈에 쏙! 오늘의 표현

Prendiamo un caffè?
우리 커피 마실까?

Io prendo un cappuccino. E tu?
나는 카푸치노 마실래. 너는?

준비 단어

🎧 MP3 22-02

🧂 prendere [프렌데레]	취하다, 잡다, 마시다	🧂 il latte macchiato [일 랄테 막키아토]	카페라떼
🧂 l'espresso [레ㅅ프랫소]	에스프레소		
🧂 il caffè [일 캎퐤]	커피	🧂 il cappuccino [일 캎풋취노]	카푸치노
🧂 il latte [일 랄테]	우유		

밑줄 쫙~
오늘의 문형 🎧 MP3 22-03

🍅 직설법 현재시제 동사 변화표에서 –ere 동사 변화형에 집중하여 살펴 봅시다.

-are		-ere		-ire	
-o	-iamo	-o	-iamo	-o	-iamo
-i	-ate	-i	-ete	-i	-ite
-a	-ano	-e	-ono	-e	-ono

🍅 prendere 동사는 영어의 take와 비슷한 역할을 합니다. '(물건을) 취하다, 잡다, 마시다'의 뜻으로 사용되며 –ere 동사 변화형을 따릅니다. 다음 동사 변화표를 소리 내어 읽어 보세요.

Io	prendo	Noi	prendiamo
Tu	prendi	Voi	prendete
Lui/Lei/Lei	prende	Loro	prendono

나는 커피 한 잔을 마신다. → 나는 / 마신다 / 하나의 / 커피를

Io prendo **un caffè.**

너는 우유 한 잔을 마신다.

Tu prendi **un latte.**

마리오는 카페라떼 한 잔을 마신다.

Mario prende **un latte macchiato.**

우리는 커피 한 잔을 마신다.

Noi prendiamo **un caffè.**

우리 커피 마실래? (커피 한 잔 할래?)

(Noi) Prendiamo **un caffè?**

너희는 무엇을 마시니?

Che cosa prendete **voi?**

그들은 우유를 마시니?

Loro prendono **un latte?**

그들은 우유 한 잔과 카푸치노 한 잔을 마신다.

Loro prendono **un latte e un cappuccino.**

Flory's Tip

한국에서 흔히 카페라떼를 줄여서 '라떼'로 부르기도 하지만 이탈리아어로 un latte는 우유를 의미합니다. 이탈리아어로 카페라떼는 latte macchiato이며, 이 표현은 하얀 우유가 에스프레소로 얼룩졌다는 뜻을 나타냅니다.

실력이 쭈~욱
오늘의 회화 🎧 MP3 22-04

우리 커피 마실까?
(Noi) Prendiamo un caffè?

그래! 우리 커피 마시자!
Sì, dai! (Noi) Prendiamo un caffè!

마리아, 너는 뭐 마시니?
Maria, cosa prendi tu?

나는 카푸치노를 한 잔 마셔. 너는?
Io prendo un cappuccino. E tu?

여러분은 무엇을 마시나요?
Cosa prendete voi?

우리는 우유 한 잔을 마셔요.
Noi prendiamo un latte.

 한 마디 plus+ 향긋한 커피 한 잔을 주문해 보세요.

l'aperitivo [라페리티보]   아페리티보

Un caffè, per favore! [운 캎퐤, 페르 (f)퐈(v)보레]   커피 한 잔 주세요!

1 빈칸에 prendere 동사의 알맞은 현재시제 변화형을 써 보세요.

1. Tu _____ un latte macchiato.　　너는 카페라떼 한 잔을 마신다.

2. Marco _____ un cappuccino.　　마르코는 카푸치노 한 잔을 마신다.

3. Che cosa _____ voi?　　너희는 무엇을 마시니?

2 다음 문장을 이탈리아어로 바꿔 말하고 적어 보세요.

1. (우리) 커피 마실래?

➡ _____

2. 나는 카푸치노를 마셔.

➡ _____

3. 그들은 카페라떼를 마신다.

➡ _____

정답　문제 **1** 1. prendi / 2. prende / 3. prendete
문제 **2** 1. (Noi) Prendiamo un caffè? / 2. Io prendo un cappuccino.
3. Loro prendono un latte macchiato.

Lezione
23
ventitré

마리아는
케이크를 팔아.

Lezione 23 전체
원어민 음원 듣기

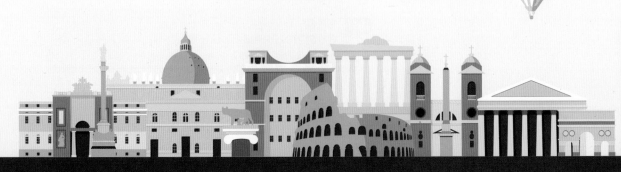

한 눈에 쏙! 오늘의 표현

Che cosa vende Maria?
마리아는 무엇을 파니?

Lei vende la torta.
그녀는 케이크를 판매해.

준비 단어

🎤 MP3 23-02

🧂 **vendere**
[(v)벤데레]   팔다, 판매하다

🧂 **il pane**
[일 파네]   빵

🧂 **il gelato**
[일 줴라토]   젤라토, 아이스크림

🧂 **il biscotto**
[일 비스콭토]   과자, 쿠키

🧂 **il tiramisù**
[일 티라미쑤]   티라미수

🧂 **la torta**
[라 토르타]   케이크

밑줄 쫙~
오늘의 문형 🎧 MP3 23-03

🍅 vendere 동사는 '팔다, 판매하다'를 의미하고 -ere 동사 변화형을 따릅니다. 다음 동사 변화표를 소리 내어 읽어 보세요.

Io	vendo	Noi	vendiamo
Tu	vendi	Voi	vendete
Lui/Lei/Lei	vende	Loro	vendono

Flory's Tip

티라미수는 이탈리아의 국민 디저트라고 해도 과언이 아닙니다. 'tiramisù'라는 이름은 '당기다'를 뜻하는 tirare, '나를'이란 의미의 mi, '위로'를 뜻하는 su의 합성어로 '내 기분을 위로 끌어올리다'라는 재미난 뜻을 담고 있습니다. 'sù'에 붙은 악센트에 주의하여 발음해 보세요.

나는 쿠키를 팔아. → 나는 / 팔다 / 쿠키를

Io vendo **i biscotti.**

너는 무엇을 파니? → 무엇을 / 팔다 / 너는

Che cosa vendi **tu?**

너는 쿠키와 빵을 팔아. → 너는 / 팔다 / 쿠키와 빵을

Tu vendi **i biscotti e il pane.**

당신은 무엇을 파세요?

Che cosa vende **lei?**

저는 티라미수를 팔아요.

Io vendo **il tiramisù.**

그는 티라미수를 팔아.

Lui vende **il tiramisù.**

우리는 케이크를 판다.

Noi vendiamo **la torta.**

너희는 젤라토를 판다.

Voi vendete **il gelato.**

그들은 빵을 팔아.

Loro vendono **il pane.**

여러분은 무엇을 판매하나요?
Che cosa vendete **voi?**

우리는 쿠키를 판매해요.
Noi vendiamo **i biscotti.**

마리아는 무엇을 팔아?
Che cosa vende **Maria?**

마리아는 케이크를 팔아.
Maria vende **la torta.**

 '치아바타'의 두 가지 뜻을 알아볼까요?

la ciabatta [라 챠밭타]   슬리퍼, 치아바타 빵

il pane ciabatta [일 파네 챠밭타]   치아바타 빵

1 빈칸에 vendere 동사의 알맞은 현재시제 변화형을 써 보세요.

1. Io _____ i biscotti.   나는 쿠키를 팔아.

2. Lui _____ i biscotti e il pane.   그는 쿠키와 빵을 팔아.

3. Noi _____ il tiramisù.   우리는 티라미수를 판다.

2 다음 문장을 이탈리아어로 바꿔 말하고 적어 보세요.

1. 마리아는 케이크를 팔아.

➡ _____

2. 너는 무엇을 파니?

➡ _____

3. 그들은 빵을 판매해.

➡ _____

정답 문제 **1** 1. vendo / 2. vende / 3. vendiamo
문제 **2** 1. Maria vende la torta. / 2. Che cosa vendi tu? / 3. Loro vendono il pane.

Lezione

24

ventiquattro

아침에 신문을
읽는다.

Lezione 24 전체
원어민 음원 듣기

Che cosa leggi tu di mattina?
너는 아침에 무엇을 읽니?

Di mattina io leggo il giornale.
나는 아침에 신문을 읽어.

준비 단어

🎧 MP3 24-02

🧂 **leggere**
[렛줴레] 읽다

🧂 **lo studente**
[로 스투댄테] 남학생

🧂 **il libro**
[일 리브로] 책

🧂 **gli studenti**
[리 스투댄티] 학생들

🧂 **il giornale**
[일 죠르나레] 신문

🧂 **tanto**
[탄토] 많은

🧂 **di mattina**
[디 맡티나] 아침에

🧂 **scrivere**
[ㅅ크리(v)붸레] 쓰다

🧂 **di sera**
[디 쎄라] 저녁에

🧂 **la lettera**
[라 렡테라] 편지

밑줄 쫙-
오늘의 문형 🎧 MP3 24-03

🍅 leggere는 '읽다', scrivere는 '쓰다'를 뜻하고 두 동사 모두 -ere 동사 변화형을 따릅니다. 다음 동사 변화표를 소리 내어 읽어 보세요.

leggere

Io	leggo	Noi	leggiamo
Tu	leggi	Voi	leggete
Lui/Lei/Lei	legge	Loro	leggono

scrivere

Io	scrivo	Noi	scriviamo
Tu	scrivi	Voi	scrivete
Lui/Lei/Lei	scrive	Loro	scrivono

🍅 아침/저녁시간대를 나타내는 di mattina와 di sera는 문장의 맨 앞 또는 뒤에 모두 위치할 수 있습니다.

> 나는 아침에 책을 읽어. → 아침에 / 나는 / 읽는다 / 책을
> ## Di mattina io leggo il libro.
> [디   맡티나   이오 레고 일 리브로]
>
> 나는 저녁에 책을 읽어. → 나는 / 읽는다 / 책을 / 저녁에
> ## Io leggo il libro di sera.
> [이오 레고   일 리브로 디 쎄라]

leggere: 읽다

너는 무엇을 읽어?

Che cosa leggi tu?

나는 신문을 읽어.

Io leggo il giornale.

나는 아침에 신문을 읽어. → 아침에 / 나는 / 읽다 / 신문을

Di mattina io leggo il giornale.

그 학생은 책을 읽는다.

Lo studente legge il libro.

우리는 신문을 읽어.

Noi leggiamo il giornale.

너희들은 책을 읽는다.

Voi leggete il libro.

너희들은 많은 책들을 읽는다

Voi leggete tanti libri.

그들은 저녁에 책을 읽는다. → 그들은 / 읽다 / 책을 / 저녁에

Loro leggono il libro di sera.

scrivere: 쓰다

너는 무엇을 쓰니?

Che cosa scrivi tu?

나는 편지 한 통을 쓴다.

Io scrivo una lettera.

그녀는 아침에 편지 한 통을 쓴다.

Lei scrive una lettera di mattina.

학생들은 많은 편지를 쓴다.

Gli studenti scrivono tante lettere.

너는 아침에 무엇을 읽니?
Che cosa leggi tu di mattina?

나는 아침에 신문을 읽어.
Di mattina io leggo il giornale.

마리아, 너는 무엇을 쓰니?
Che cosa scrivi tu, Maria?

나는 편지 한 통을 써.
Io scrivo una lettera.

 한 마디 plus+   책을 즐겨 읽는 친구에게 이렇게 말해 보세요.

la lettura [라 렐투라]   독서

Buona lettura! [부어나 렐투라]   즐거운 독서하세요!

연습 문제

1 빈칸에 leggere 동사의 알맞은 현재시제 변화형을 써 보세요.

1. Che cosa _____ tu?   너는 무엇을 읽어?

2. Io _____ il giornale.   나는 신문을 읽어.

3. Di mattina lui _____ il giornale.   그는 아침에 신문을 읽어.

2 빈칸에 scrivere 동사의 알맞은 현재시제 변화형을 써 보세요.

1. Noi _____ tante lettere.   우리는 많은 편지를 쓴다.

2. Che cosa _____ voi?   너희는 무엇을 쓰니?

3. Loro _____ tante lettere.   그들은 많은 편지들을 쓴다.

정답 문제 **1** 1. leggi / 2. leggo / 3. legge
문제 **2** 1. scriviamo / 2. scrivete / 3. scrivono

Lezione

25

venticinque

나는 내일
나폴리로 떠난다.

Lezione 25 전체
원어민 음원 듣기

한 눈에 쏙! 오늘의 표현

Domani tu parti per Milano?
너는 내일 밀라노로 떠나니?

No, domani io parto per Napoli.
아니, 나는 내일 나폴리로 떠나.

준비 단어

🎧 MP3 25-02

partire
[파르티레]
떠나다, 출발하다

dormire
[도르미레]
자다

il treno
[일 트레노]
기차

presto
[프레스토]
일찍

tra poco
[트라 퍼코]
조금 후에, 조금 뒤에

tardi
[타르디]
늦게

per
[페리]
~을 향하여, 통과하여

🍅 직설법 현재시제 동사 변화표에서 -ire 동사 변화형에 집중하여 살펴 봅시다.

-are		-ere		-ire	
-o	-iamo	-o	-iamo	-o	-iamo
-i	-ate	-i	-ete	-i	-ite
-a	-ano	-e	-ono	-e	-ono

🍅 partire는 '떠나다, 출발하다', domire는 '자다'를 뜻하고 두 동사 모두 -ire 동사 변화형을 따릅니다. 다음 동사 변화표를 소리 내어 읽어 보세요.

partire

Io	parto	Noi	partiamo
Tu	parti	Voi	partite
Lui/Lei/Lei	parte	Loro	partono

domire

Io	dormo	Noi	dormiamo
Tu	dormi	Voi	dormite
Lui/Lei/Lei	dorme	Loro	dormono

partire: 떠나다, 출발하다

나는 나폴리로 떠나. → 나는 / 떠난다 / ~을 향하여 / 나폴리

Io parto **per Napoli.**

나는 내일 나폴리로 떠나. → 내일 / 나는 / 떠난다 / ~을 향하여 / 나폴리

Domani io parto **per Napoli.**

너는 밀라노로 떠나는구나.

Tu parti **per Milano.**

그는 피렌체로 떠난다.

Lui parte **per Firenze.**

기차가 피렌체로 출발한다.

Il treno parte **per Firenze.**

기차가 조금 뒤에 출발한다.

Il treno parte **tra poco.**

우리는 조금 뒤에 밀라노로 출발한다.

Noi partiamo **per Milano tra poco.**

그들은 조금 뒤에 로마로 출발한다.

Loro partono **per Roma tra poco.**

domire: 자다

나는 일찍 잔다.

Io dormo **presto.**

그녀는 매일 일찍 잔다.

Lei dorme **presto tutti i giorni.**

너희들은 늦게 잔다.

Voi dormite **tardi.**

그들은 매일 늦게 잔다.

Loro dormono **tardi tutti i giorni.**

 너는 내일 밀라노로 떠나니?
Domani tu parti **per Milano?**

아니, 나는 내일 피렌체로 떠나.
No, domani io parto **per Firenze.**

 기차가 조금 뒤에 떠나!
Il treno parte **tra poco!**

오, 안 돼!
Oh, no!

 마르코, 너는 일찍 자니?
Marco, tu dormi **presto?**

아니, 나는 늦게 자.
No, io dormo **tardi.**

 한 마디 plus+   열차 시간에 늦었을 때 이렇게 말해 보세요.

il biglietto [일 빌렛또]   표

Sono in ritardo! [쏘노 인 (r)리타르도]   지각이야!, 늦었어!

연습 문제

1 빈칸에 partire 동사의 알맞은 현재시제 변화형을 써 보세요.

1. Io _____ per Napoli.   나는 나폴리로 떠난다.

2. Tu _____ per Milano?   너는 밀라노로 떠나니?

3. Il treno _____ per Firenze.   기차는 피렌체로 출발한다.

2 빈칸에 dormire 동사의 알맞은 현재시제 변화형을 써 보세요.

1. Marco _____ presto.   마르코는 일찍 잔다.

2. Io _____ tardi.   나는 늦게 잔다.

3. Voi _____ tardi.   너희들은 늦게 잔다.

정답   문제 **1** 1. parto / 2. parti / 3. parte
문제 **2** 1. dorme / 2. dormo / 3. dormite

Lezione

26

ventisei

나는 잘 이해한다.

Lezione 26 전체
원어민 음원 듣기

Tu capisci **l'italiano?**
너는 이탈리아어를 이해하니?

Io capisco **bene.**
나는 잘 이해해.

준비 단어

🎧 MP3 26-02

🧂 **capire**
[카피레]　　　이해하다

🧂 **pulire**
[푸리레]　　　청소하다

🧂 **bene**
[배네]　　　잘

🧂 **la stanza**
[라 스탄(tz)차]　　방

🧂 **l'italiano**
[리타리아노]　　이탈리아어

🧂 **la casa**
[라 카(z)자]　　집

🧂 **l'inglese**
[린그레(z)제]　　영어

🍅 -ire 유형의 동사 중 약 500개는 -isc-의 형태로 변화합니다. 다음 현재시제 -ire 동사 어미 변화표에서 -isc- 변화형에 집중하여 살펴 봅시다.

-ire		-ire (-isc-)	
-o	-iamo	-isco [이스코]	-iamo
-i	-ite	-isci [이쉬]	-ite
-e	-ono	-isce [이쉐]	-iscono [이스코노]

🍅 capire는 '이해하다', pulire는 '청소하다'를 뜻하고 두 동사 모두 -isc- 변화형을 따릅니다. 다음 동사 변화표를 소리 내어 읽어 보세요.

capire

Io	capisco	Noi	capiamo
Tu	capisci	Voi	capite
Lui/Lei/Lei	capisce	Loro	capiscono

pulire

Io	pulisco	Noi	puliamo
Tu	pulisci	Voi	pulite
Lui/Lei/Lei	pulisce	Loro	puliscono

capire: 이해하다

나는 이해한다.

Io capisco.

나는 잘 이해한다. → 나는 / 이해한다 / 잘

Io capisco **bene**.

너는 이해하지 못한다.

Tu non capisci.

너는 잘 이해한다.

Tu capisci **bene**.

그는 이탈리아어를 이해한다.

Lui capisce l'italiano.

우리는 학생들을 이해한다.

Noi capiamo **gli studenti**.

너희는 잘 이해한다.

Voi capite **bene**.

그들은 영어를 잘 이해한다.

Loro capiscono **bene l'inglese**.

pulire: 청소하다

나는 청소한다.

Io pulisco.

나는 방을 청소한다.

Io pulisco **la stanza**.

너는 집을 청소한다.

Tu pulisci **la casa**.

너는 방을 청소한다.

Tu pulisci **la stanza**.

우리는 집을 청소한다.

Noi puliamo **la casa**.

그들은 방을 청소하지 않는다.

Loro non puliscono **la stanza**.

너는 방을 잘 청소하니?
Tu pulisci bene la stanza?

맞아. 나는 청소를 잘 해.
Sì, io pulisco bene.

마르코는 집을 청소하지 않아.
Marco non pulisce la casa.

나는 이해가 안 돼.
Io non capisco.

그럼 네가 집을 청소하니?
Allora tu pulisci la casa?

아니, 나는 집을 청소하지 않아.
No, io non pulisco la casa.

오, 안 돼! 난 잘 이해되지 않아.
Oh, no! Io non capisco bene.

 한 마디 plus+ 이해 안되는 상황에 대해 이렇게 물어보세요.

pigro [피그로]   게으른

Come mai? [코메 마이]   어째서?, 왜?

1 빈칸에 capire 동사의 알맞은 현재시제 변화형을 써 보세요.

1. Io _____ bene.   나는 잘 이해한다.

2. Tu non _____ bene.   너는 잘 이해하지 못한다.

3. Marco _____ l'italiano.   마르코는 이탈리아어를 이해한다.

2 빈칸에 pulire 동사의 알맞은 현재시제 변화형을 써 보세요.

1. Noi _____ la casa.
   우리는 집을 청소한다.

2. Voi _____ la stanza?
   너희는 방을 청소하니?

3. Marco e Maria _____ bene la casa.
   마르코와 마리아는 집을 잘 청소한다.

정답 문제 **1** 1. capisco / 2. capisci / 3. capisce
문제 **2** 1. puliamo / 2. pulite / 3. puliscono

Lezione
27
ventisette

회의가 끝나지
않는다.

Lezione 27 전체
원어민 음원 듣기

La conferenza non finisce.
회의가 끝나지 않아.

Io finisco i compiti.
나는 과제를 끝낼게.

🫑 준비 단어   🎧 MP3 27-02

🧂 **finire** [(f)퓌니레]	끝내다, 끝마치다	🧂 **il compito** [일 콤피토]	숙제, 과제
🧂 **unire** [우니레]	모으다, 합치다	🧂 **mai** [마이]	절대, 결코
🧂 **presto** [프래스토]	일찍, 빨리, 곧	🧂 **le informazioni** [레 인(f)포르맡치오니]	정보
🧂 **la conferenza** [라 콘(f)풰랜차]	회의, 컨퍼런스	🧂 **Mamma mia!** [맘마 미아]	세상에!, 어머나!

밑줄 짝-

오늘의 문형 🎧 MP3 27-03

🍅 finire는 '끝내다, 끝마치다', unire는 '모으다, 합치다'를 뜻하고 두 동사 모두 -isc- 변화형을 따릅니다. 다음 동사 변화표를 소리 내어 읽어 보세요.

finire

Io	finisco	Noi	finiamo
Tu	finisci	Voi	finite
Lui/Lei/Lei	finisce	Loro	finiscono

unire

Io	unisco	Noi	uniamo
Tu	unisci	Voi	unite
Lui/Lei/Lei	unisce	Loro	uniscono

🍅 부정문에서 사용되어 '절대, 결코 (~하지 않다)'를 의미하는 mai는 문장에서 동사 뒤에 위치합니다.

> 회의가 절대 끝나지 않는다. → 회의가 / 끝나지 않는다 / 절대
>
> ## La conferenza non finisce mai.
>
> [라　　콘(f)풰랜차　　논 (f)　뛰니쉐　　마이]

finire: 끝내다, 끝마치다

나는 숙제를 끝낸다.

Io finisco il compito.

그는 숙제를 끝마치지 않는다.

Lui non finisce il compito.

너는 숙제를 빨리 끝낸다. → 너는 / 끝낸다 / 숙제를 / 빨리

Tu finisci il compito presto.

회의가 끝나지 않는다.

La conferenza non finisce.

이 회의가 일찍 끝나지 않는다.

Questa conferenza non finisce presto.

너희는 숙제를 절대 끝내지 않는구나.

Voi non finite mai i compiti.

그들은 회의를 절대 끝내지 않는다.

Loro non finiscono mai la conferenza.

unire: 모으다, 합치다

나는 정보를 모은다.

Io unisco le informazioni.

그녀는 정보를 모은다.

Lei unisce le informazioni.

우리는 학생들을 모은다.

Noi uniamo gli studenti.

그들은 정보를 모은다.

Loro uniscono le informazioni.

실력이 쭈~욱
오늘의 회화 🎧 MP3 27-04

세상에! 회의가 절대 끝나지 않네!
Mamma mia! La conferenza non finisce mai!

이 회의는 일찍 끝나지 않아.
Questa conferenza non finisce **presto.**

나는 정보를 모을게
Io unisco **le informazioni.**

나는 과제를 끝낼게.
Io finisco **i compiti.**

 미팅을 잘 부탁한다는 인사로 시작해 보세요.

la riunione [라 (r)리우니오네]   회의, 미팅

Mi raccomando! [미 (r)락코만도]   잘 부탁합니다!

1 빈칸에 finire 동사의 알맞은 현재시제 변화형을 써 보세요.

1. Io _____ il compito.
   나는 숙제를 끝낸다.

2. Tu non _____ il compito.
   너는 숙제를 끝내지 않는다.

3. Loro non _____ mai la conferenza.
   그들은 회의를 절대 끝내지 않는다.

2 빈칸에 unire 동사의 알맞은 현재시제 변화형을 써 보세요.

1. Noi _____ gli studenti.
   우리는 학생들을 모은다.

2. Voi non _____ gli studenti.
   너희들은 학생들을 모으지 않는다.

3. Loro _____ le informazioni.
   그들은 정보를 모은다.

정답 문제 **1** 1. finisco / 2. finisci / 3. finiscono
문제 **2** 1. uniamo / 2. unite / 3. uniscono

Ripetizioni

1~15 제시된 한국어 문장을 뜻하는 이탈리아어 문장을 고르세요.

1 어디에 너는 거주하지?

    a. Di dove sei tu?

    b. Dove abiti tu?

    c. Dove sei tu?

2 나는 밀라노에 거주한다.

    a. Io abiti a Milano.

    b. Io abita a Milano.

    c. Io abito a Milano.

3 나는 무엇을 배우지?

    a. Che cosa imparo io?

    b. Che cosa impari io?

    c. Che cosa impara io?

4 나는 이탈리아어를 배운다.

    a. Io imparo l'inglese.

    b. Io impara l'italiano.

    c. Io imparo l'italiano.

5 나는 서울에서 일한다.

   a. Io lavoro in Seoul.

   b. Io lavoro a Seoul.

   c. Io sono di Seoul.

6 나는 파스타를 먹어.

   a. Io leggo la pasta.

   b. Io imparo la pasta.

   c. Io mangio la pasta.

7 나는 이탈리아를 여행해.

   a. Io viaggi in Italia.

   b. Io viaggio in Italia.

   c. Io viaggio a Italia.

8 식사 맛있게 하세요!

   a. Buon appetito!

   b. Buon aperitivo!

   c. Buona lettura!

9 우리 커피 마실래?

    a. Prendiamo un latte?

    b. Prendiamo un cappuccino?

    c. Prendiamo un caffè?

10 저는 티라미수를 팔아요.

    a. Io vendo la torta.

    b. Io vendo il tiramisù.

    c. Io vendo i biscotti.

11 나는 아침에 신문을 읽어.

    a. Di sera io leggo il giornale.

    b. Di mattina io leggo il giornale.

    c. Di mattina io leggo il libro.

12 나는 편지 한 통을 쓴다.

    a. Io scrivi una lettera.

    b. Io scrivo una lettera.

    c. Io scrivo una lettura.

13 나는 내일 나폴리로 떠나.

    a. Domenica tu parti per Napoli.

    b. Oggi io parto per Napoli.

    c. Domani io parto per Napoli.

14 나는 잘 이해한다.

    a. Io capisco bene.

    b. Io capisco buono.

    c. Io capisci bene.

15 회의가 끝나지 않는다.

    a. La conferenza finisce.

    b. La conferenza non finisce.

    c. La conferenza non mai finisce.

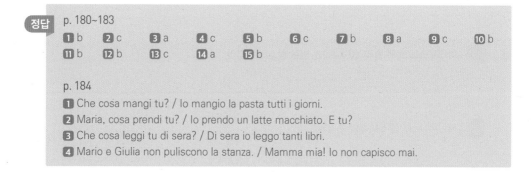

정답   p. 180~183

1 b   **2** c   **3** a   **4** c   **5** b   **6** c   **7** b   **8** a   **9** c   **10** b

11 b   **12** b   **13** c   **14** a   **15** b

p. 184

1 Che cosa mangi tu? / Io mangio la pasta tutti i giorni.

2 Maria, cosa prendi tu? / Io prendo un latte macchiato. E tu?

3 Che cosa leggi tu di sera? / Di sera io leggo tanti libri.

4 Mario e Giulia non puliscono la stanza. / Mamma mia! Io non capisco mai.

복습 회화

다음 대화를 이탈리아어로 말해 보세요. 그리고 말한 문장을 빈칸에 적어 보세요.

1. : 너는 무엇을 먹니?

_____

: 나는 매일 파스타를 먹어.

_____

2. : 마리아(Maria), 너는 뭐 마시니?

_____

: 나는 카페라떼를 한 잔 마셔. 너는?

_____

3. : 너는 저녁에 무엇을 읽니?

_____

: 나는 저녁에 많은 책들을 읽어.

_____

4. : 마리오(Mario)와 줄리아(Giulia)는 방을 청소하지 않아.

_____

: 세상에! 나는 절대 이해할 수 없어.

_____

이탈리아 문화 돋보기

이탈리아의 커피 문화: "Prendiamo un caffè?"

이탈리아인들은 커피를 일상의 중요한 부분으로 여기며 시간이나 상황에 따라 커피를 다양한 방식으로 즐기곤 합니다.

이탈리아에서는 카페를 '바(bar)'라고 부르는데, 바는 일반적으로 새벽 6-7시 사이에 문을 열고 아침 식사 메뉴를 제공합니다. 아침식사로 주로 카푸치노와 함께 크로와상인 코르네토(cornetto; 중북부지방에서는 브리오쉬brioche라고 칭함)를 즐겨 먹습니다.

직장인들은 출근 후 즉시 '카페(caffè)'를 마십니다. 이탈리아에서 '카페'는 에스프레소를 의미하며 씁쓸한 맛을 완화시키기 위하여 설탕을 넣는 것이 일반적입니다. 에스프레소를 빠르게 마시고 잔에 남은 덜 녹은 설탕을 티스푼으로 떠먹기도 하는데, 이 달콤함을 즐기는 사람들이 꽤 많습니다.

이탈리아의 대부분의 식당에는 에스프레소 머신이 있어서 점심 식사 후 커피를 주문하는 경우가 많습니다. 이때 입가심의 역할을 하는 에스프레소를 주로 마시지만 우유가 들어간 것을 원한다면 카페 마키아토를 선택할 수 있습니다.

나른한 오후에는 아름다운 이탈리아의 풍경을 바라보며 부드러운 카푸치노를 즐겨보는 것도 좋습니다.

Lezione
29
ventinove

나는 이탈리아어로 글을 쓸 수 있어.

Lezione 29 전체
원어민 음원 듣기

> Io posso scrivere in italiano.
> 나는 이탈리아어로 글을 쓸 수 있어.

> Noi possiamo leggere in inglese.
> 우리는 영어로 읽을 수 있어.

준비 단어

🎧 MP3 29-02

🧂 **potere**
[포테레] ~할 수 있다

🧂 **parlare**
[파르라레] 말하다

🧂 **leggere**
[렛줴레] 읽다

🧂 **scrivere**
[스크리(v)붸레] 쓰다

🧂 **in italiano**
[인 이타리아노] 이탈리아어로

🧂 **in inglese**
[인 인그레(z)제] 영어로

🧂 **in coreano**
[인 코레아노] 한국어로

🧂 **Certo.**
[췌르토] 당연하지., 물론이지.

밑줄 쫙-
오늘의 문형 🎧 MP3 29-03

🍅 조동사 potere는 '~할 수 있다'를 의미하고 문장에서 본동사 앞에 위치합니다. potere는 어
간(동사의 앞부분)이 변하는 불규칙 동사이므로 주의해야 합니다. 다음 동사 변화표를 소리
내어 읽어 보세요.

Io	posso	Noi	possiamo
Tu	puoi	Voi	potete
Lui/Lei/Lei	può	Loro	possono

🍅 조동사 뒤에 따라오는 본동사는 항상 동사원형으로 사용합니다.

potere + 동사원형   ~할 수 있다

potere + parlare	Io posso parlare. [이오 펏소 파ㄹ라레]	나는 말할 수 있다.
potere + leggere	Io posso leggere. [이오 펏소 렛줴레]	나는 읽을 수 있다.
potere + scrivere	Io posso scrivere. [이오 펏소 ㅅ크리(v)붸레]	나는 쓸 수 있다.

나는 말할 수 있다. → 나는 / 할 수 있다 / 말하다

Io posso **parlare.**

나는 이탈리아어로 말할 수 있다. → 나는 / 할 수 있다 / 말하다 / 이탈리아어로

Io posso **parlare in italiano.**

너는 읽을 수 있다.

Tu puoi **leggere.**

너는 이탈리아어로 읽을 수 있다.

Tu puoi **leggere in italiano.**

마르코는 쓸 수 있다.

Marco può **scrivere.**

마르코는 한국어로 쓸 수 있다.

Marco può **scrivere in coreano.**

우리는 읽을 수 있다.

Noi possiamo **leggere.**

우리는 이탈리아어로 읽을 수 있다.

Noi possiamo **leggere in italiano.**

너희는 말할 수 없다.

Voi non potete **parlare.**

너희는 영어로 말할 수 없다.

Voi non potete **parlare in inglese.**

그들은 읽을 수 없다.

Loro non possono **leggere.**

그들은 한국어로 글을 쓸 수 없다.

Loro non possono **scrivere in coreano.**

Flory's Tip

앞의 문장과 상반되는 내용을 말할 때는 '그러나, 하지만'을 뜻하는 ma를 사용할 수 있습니다.

예 Flory può parlare in coreano. Ma Laura non può parlare in coreano.
플로리는 한국어로 말할 수 있어. 하지만 라우라는 한국어로 말할 수 없어.

너 한국어로 글을 쓸 수 있니?
Tu puoi scrivere in coreano?

당연하지. 나는 한국인이야.
Certo. Io sono coreana.

하지만 라우라는 한국어로 글을 쓸 수 없어.
Ma Laura non può scrivere in coreano.

그녀는 이탈리아인이야.
Lei è italiana.

그녀는 이탈리아어로 쓸 수 있어.
Lei può scrivere in italiano.

마르코는 영어로 말할 수 있어.
Marco può parlare in inglese.

그는 이탈리아어로 읽을 수 있어.
Lui può leggere in italiano.

맞아. 마르코는 훌륭해.
Sì. Marco è bravo.

한 마디 plus+ 이탈리아어로 응원의 말을 해 보세요.

il potere [일 포테레]   힘, 권력

Forza! [(f)포르차]   파이팅!

1 빈칸에 조동사 potere의 알맞은 현재시제 변화형을 써 보세요.

1. Io _____ parlare.   나는 말할 수 있다.

2. Tu _____ leggere.   너는 읽을 수 있다.

3. Lucia _____ scrivere.   루치아는 글을 쓸 수 있다.

2 다음 문장을 이탈리아어로 바꿔 말하고 적어 보세요.

1. 우리는 읽을 수 있다.

➡ _____

2. 너희는 이탈리아어로 말할 수 없다.

➡ _____

3. 그들은 영어로 말할 수 있다.

➡ _____

정답 문제 **1** 1. posso / 2. puoi / 3. può
문제 **2** 1. Noi possiamo leggere. / 2. Voi non potete parlare in italiano.
3. Loro possono parlare in inglese.

Lezione

30

trenta

우리는 책을
읽어야 한다.

Lezione 30 전체
원어민 음원 듣기

한 눈에 쏙! 오늘의 표현

Noi dobbiamo leggere il libro.
우리는 책을 읽어야 해.

Voi dovete dormire presto.
너희는 일찍 자야 해.

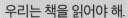

준비 단어

🎧 MP3 30-02

🧂 **dovere** [도(v)붸레]	~해야만 하다	🧂 **gli spinaci** [리 ㅅ피나취] 시금치
🧂 **mangiare** [만좌레]	먹다	🧂 **il giornale** [일 죠르나레] 신문
🧂 **dormire** [도르미레]	자다	🧂 **i bambini** [이 밤비니] 아이들
🧂 **l'aglio** [랄리오]	마늘	🧂 **gli studenti** [리 스투댄티] 학생들

밑줄 쫙-
오늘의 문형 🎧 MP3 30-03

🍅 조동사 dovere는 '~해야만 하다'를 의미하고 문장에서 본동사 앞에 위치합니다. dovere는
어간이 변하는 불규칙 동사이므로 주의해야 합니다. 다음 동사 변화표를 소리 내어 읽어 보
세요.

Io	devo	Noi	dobbiamo
Tu	devi	Voi	dovete
Lui/Lei/Lei	deve	Loro	devono

🍅 조동사 뒤에 따라오는 본동사는 항상 동사원형으로 사용합니다.

dovere + 동사원형   ~해야 한다

dovere	+ mangiare	Io devo mangiare.	나는 먹어야 한다.
		[이오 대(v)보 만좌레]	
dovere	+ leggere	Io devo leggere.	나는 읽어야 한다.
		[이오 대(v)보 렛줴레]	
dovere	+ dormire	Io devo dormire.	나는 자야 한다.
		[이오 대(v)보 도ㄹ미레]	

나는 시금치를 먹어야만 한다. → 나는 / 해야만 한다 / 먹다 / 시금치를

Io devo **mangiare gli spinaci.**

너는 마늘을 먹어야 한다. → 너는 / 해야만 한다 / 먹다 / 마늘을

Tu devi **mangiare l'aglio.**

당신은 읽어야만 한다.

Lei deve **leggere.**

당신은 신문을 읽어야만 한다.

Lei deve **leggere il giornale.**

우리는 읽어야 한다.

Noi dobbiamo **leggere.**

우리는 책을 읽어야 한다.

Noi dobbiamo **leggere il libro.**

학생들은 자야 한다.

Gli studenti devono **dormire.**

아이들은 일찍 자야 한다.

I bambini devono **dormire presto.**

아이의 성별을 지칭해야 하는 경우 다음과 같이 말할 수 있습니다.

예 남자 아이 il bambino   [일 밤비노]
여자 아이 la bambina   [라 밤비나]

실력이 쭈~욱
오늘의 회화 🎧 MP3 30-04

너는 일찍 자야 돼.
Tu devi **dormire presto.**

그럴 수 없어. 나는 책을 읽어야 해.
Io non posso. **Io** devo **leggere il libro.**

학생들은 책을 읽어야만 해.
Gli studenti devono **leggere il libro.**

맞아. 우리는 책을 읽어야 해.
Sì, noi dobbiamo **leggere il libro.**

 이탈리아식 주먹밥의 이름을 알아볼까요?

l'arancia [라란챠]   오렌지

l'arancina, l'arancino [라란취나, 라란취노]   아란치니

1 빈칸에 조동사 dovere의 알맞은 현재시제 변화형을 써 보세요.

1. Noi _____ mangiare gli spinaci.

   우리는 시금치를 먹어야 한다.

2. Voi _____ mangiare l'aglio.

   너희는 마늘을 먹어야 한다.

3. Loro _____ leggere il giornale.

   그들은 신문을 읽어야 한다.

2 다음 문장을 이탈리아어로 바꿔 말하고 적어 보세요.

1. 나는 책을 읽어야 한다.

➡ _____

2. 너는 일찍 자야 돼.

➡ _____

3. 아이들은 일찍 자야 한다.

➡ _____

정답 문제 **1** 1. dobbiamo / 2. dovete / 3. devono
문제 **2** 1. Io devo leggere il libro. / 2. Tu devi dormire presto. / 3. I bambini devono dormire presto.

Lezione

31

trentuno

우리는 노래하고 싶다.

Lezione 31 전체
원어민 음원 듣기

Noi vogliamo mangiare la pasta.
우리는 파스타를 먹고 싶어.

Noi vogliamo cantare.
우리는 노래하고 싶어.

준비 단어

🎧 MP3 31-02

🧂 **volere**
[(v)보레레] ~하고 싶다

🧂 **la pasta**
[라 파ㅅ타] 파스타

🧂 **cantare**
[칸타레] 노래하다

🧂 **le lasagne**
[레 라(z)자네] 라자냐

🧂 **raccontare**
[(r)락콘타레] 이야기하다, 말하다

🧂 **con te**
[콘 테] 너와 함께

🧂 **la pizza**
[라 핏(z)자] 피자

🧂 **la storia**
[라 ㅅ터리아] 이야기, 역사, 스토리

🧅 조동사 volere는 '~하고 싶다'를 의미하고 문장에서 본동사 앞에 위치합니다. volere는 어간이 변하는 불규칙 동사이므로 주의해야 합니다. 다음 동사 변화표를 소리 내어 읽어 보세요.

Io	voglio	Noi	vogliamo
Tu	vuoi	Voi	volete
Lui/Lei/Lei	vuole	Loro	vogliono

🧅 조동사 뒤에 따라오는 본동사는 항상 동사원형으로 사용합니다.

volere + 동사원형   ~하고 싶다

volere + mangiare   Io voglio mangiare.   나는 먹고 싶다.
[이오 볼리오   만좌레]

volere + cantare   Io voglio cantare.   나는 노래하고 싶다.
[이오 볼리오   칸타레]

volere + raccontare   Io voglio raccontare. 나는 이야기하고 싶다.
[이오 볼리오   (r)락콘타레]

나는 먹고 싶다. → 나는 / 하고 싶다 / 먹다

Io voglio mangiare.

나는 파스타를 먹고 싶다. → 너는 / 하고 싶다 / 먹다 / 파스타를

Io voglio mangiare la pasta.

너는 라자냐를 먹고 싶다.

Tu vuoi mangiare le lasagne.

마리아는 피자를 먹고 싶다.

Maria vuole mangiare la pizza.

파올로는 너와 함께 노래하고 싶다. → 파올로는 / 하고 싶다 / 노래하다 / 너와 함께

Paolo vuole cantare con te.

우리는 노래하고 싶다.

Noi vogliamo cantare.

우리는 너와 함께 노래하고 싶다.

Noi vogliamo cantare con te.

너희는 이야기하고 싶다.

Voi volete raccontare.

너희는 그 이야기를 말하고 싶다.

Voi volete raccontare la storia.

그들은 이야기하고 싶다.

Loro vogliono raccontare.

그들은 그 이야기를 말하고 싶다

Loro vogliono raccontare la storia.

실력이 쭈~욱
오늘의 회화 🎧 MP3 31-04

너는 노래를 부르고 싶니?
Tu vuoi **cantare?**

아니, 나는 노래를 부르고 싶지 않아.
No, io non voglio **cantare.**

너희는 라자냐를 먹고 싶니?
Voi volete **mangiare le lasagne?**

우리는 파스타를 먹고 싶어.
Noi vogliamo **mangiare la pasta.**

파올로는 무엇을 말하고 싶어하니?
Che cosa vuole **raccontare Paolo?**

파올로는 이야기를 말하고 싶어해.
Paolo vuole **raccontare la storia.**

 한 마디 plus+   할 말이 있어 보이는 친구에게 이렇게 말해보세요.

il tè [일 태]   차

Dimmi! [딤미]   말해봐!

연습 문제

1 빈칸에 조동사 volere의 알맞은 현재시제 변화형을 써 보세요.

1. Io _____ cantare.
   나는 노래하고 싶다.

2. Marco _____ raccontare la storia.
   마르코는 이야기를 하고 싶어한다.

3. Noi _____ mangiare la pasta.
   우리는 파스타를 먹고 싶어한다.

2 다음 문장을 이탈리아어로 바꿔 말하고 적어 보세요.

1. 나는 노래를 부르고 싶지 않다.

   ➡ _____

2. 그는 라자냐를 먹고 싶어한다.

   ➡ _____

3. 파올로와 마리아는 이야기를 하고 싶어해.

   ➡ _____

정답　문제 **1** 1. voglio / 2. vuole / 3. vogliamo
　　　문제 **2** 1. Io non voglio cantare. / 2. Lui vuole mangiare le lasagne.
　　　　　　　 3. Paolo e Maria vogliono raccontare la storia.

Lezione
32
trentadue

너 내일 뭐 해?

Lezione 32 전체
원어민 음원 듣기

한 눈에 쏙! 오늘의 표현

Che cosa fai tu domani?
너 내일 뭐 해?

Io faccio sport.
나는 운동을 해.

준비 단어

🎧 MP3 32-02

🧂 **fare** [(f)퐈레]	하다, 만들다, ~하게 하다	🧂 **domani** [도마니]	내일
🧂 **fare i compiti** [(f)퐈레 이 콤피티]	숙제하다	🧂 **oggi** [엊쥐]	오늘
🧂 **fare colazione** [(f)퐈레 코랕치오네]	아침 식사를 하다	🧂 **tutti i giorni** [툳티 이 죠르니]	매일
🧂 **fare sport** [(f)퐈레 ㅅ포르트]	운동하다		

밑줄 쫙-
오늘의 문형 🎧 MP3 32-03

🍅 불규칙 동사 fare는 '하다, 만들다, ~하게 하다'라는 세 가지 의미를 전달할 수 있어서 이탈리아어에서 활용도가 아주 높은 단어입니다. fare는 어간에 변화가 있는 불규칙 동사이므로 주의해야 합니다. 다음 동사 변화표를 소리 내어 읽어 보세요.

Io	faccio	Noi	facciamo
Tu	fai	Voi	fate
Lui/Lei/Lei	fa	Loro	fanno

🍅 fare 동사가 영어의 do와 같이 사용되는 경우를 알아봅시다.

fare + 활동 관련 명사　(활동/행동)을 하다

fare + i compiti [(f)퐈레　이　콤피티]	숙제하다
fare + colazione [(f)퐈레　코랄치오네]	아침식사를 하다
fare + sport [(f)퐈레　ㅅ포르트]	운동하다

너는 무엇을 하니?

Che cosa fai tu? (=Cosa fai?)

너는 내일 무엇을 하니?

Che cosa fai tu domani?

fare i compiti: 숙제하다

나는 숙제를 해.

Io faccio i compiti.

너는 숙제를 하니?

Tu fai i compiti?

오늘 마리오는 숙제를 한다.

Oggi Mario fa i compiti.

오늘 그들은 숙제를 한다.

Oggi loro fanno i compiti.

fare colazione: 아침 식사를 하다

나는 매일 아침 식사를 한다.

Io faccio colazione tutti i giorni.

그는 매일 아침 식사를 한다.

Lui fa colazione tutti i giorni.

우리는 매일 아침 식사를 하지 않아.

Noi non facciamo colazione tutti i giorni.

너희는 매일 아침 식사를 하지 않아.

Voi non fate colazione tutti i giorni.

fare sport: 운동하다

그녀는 내일 운동을 하니?

Lei fa sport domani?

너희는 매일 운동을 하니?

Voi fate sport tutti i giorni?

우리는 매일 운동을 하지 않아.

Noi non facciamo sport tutti i giorni.

그들은 매일 운동을 하지 않아.

Loro non fanno sport tutti i giorni.

오늘의 회화 MP3 32-04

너희는 내일 뭐 하니?
Che cosa fate **voi domani?**

우리는 숙제를 해.
Noi facciamo i compiti.

마리오와 파올로는 매일 무엇을 하니?
Che cosa fanno **Mario e Paolo tutti i giorni?**

그들은 운동을 해.
Loro fanno sport.

 완벽한 슛을 넣었을 때 이렇게 말해보세요.

il calcio [일 칼쵸]	축구
Perfetto! [페르(f)팯토]	완벽해!, 아주 좋아!

1 빈칸에 fare 동사의 알맞은 현재시제 변화형을 써 보세요.

1. Io _____ i compiti.   나는 숙제를 한다.

2. Tu _____ i compiti?   너는 숙제를 하니?

3. Noi non _____ colazione.   우리는 아침식사를 하지 않는다.

2 다음 문장을 이탈리아어로 바꿔 말하고 적어 보세요.

1. 마르코는 내일 무엇을 하니?

➡ _____

2. 우리는 매일 숙제를 한다.

➡ _____

3. 그들은 매일 운동을 한다.

➡ _____

정답 문제 **1** 1. faccio / 2. fai / 3. facciamo
      문제 **2** 1. Che cosa fa Marco domani? / 2. Noi facciamo i compiti tutti i giorni.
              3. Loro fanno sport tutti i giorni.

Lezione
33
trentatré

마리아의 집에
간다.

Lezione 33 전체
원어민 음원 듣기

한 눈에 쏙! 오늘의 표현

Dove vai tu domani?
너 내일 어디가?

Io vado da Maria.
나는 마리아네 집에 가.

준비 단어

🎧 MP3 33-02

🧂 andare
[안다레]   가다

🧂 venire
[(v)붸니레]   오다, (가다)

🧂 da
[다]   ~로부터

🧂 da me
[다 메]   나의 집

🧂 da + 사람
[다]   ~의 장소, ~의 집

🧂 da te
[다 테]   너의 집

🍅 andare는 '가다', venire는 '오다, (가다)'를 뜻하는 불규칙 동사입니다. 다음 동사 변화표를 소리 내어 읽어 보세요.

andare

Io	vado	Noi	andiamo
Tu	vai	Voi	andate
Lui/Lei/Lei	va	Loro	vanno

venire

Io	vengo	Noi	veniamo
Tu	vieni	Voi	venite
Lui/Lei/Lei	viene	Loro	vengono

🍅 '~의 집에 가다'라는 말하고 싶을 때 'andare + da + 사람'의 문형을 활용합니다. 단, '너의 집으로 가다'는 듣는 사람의 입장에서 생각했을 때 상대에게 오는 행위가 되기 때문에 'venire' 동사를 사용하여 'venire da te'로 표현합니다.

> **Io vado da Maria.**   나는 마리아의 집에 가.
> [이오 (v)바도 다 마리아]
>
> **Io vengo da te.**   나는 너의 집에 갈게.
> [이오 (v)벵고 다 테]

andare: 가다

너는 어디에 가니?

Dove vai **tu?**

루치아는 마리아의 집에 간다.

Lucia va **da Maria.**

너희는 마리아의 집에 간다.

Voi andate **da Maria.**

나는 밀라노로 간다.

Io vado **a Milano.**

우리는 엔리코의 집에 간다.

Noi andiamo **da Enrico.**

그들은 파올로의 집에 간다.

Loro vanno **da Paolo.**

venire: 오다 (상대방에게 가다)

너 우리 집에 오니?

Tu vieni **da me?**

오늘 루치아는 우리 집에 온다.

Oggi Lucia viene **da me.**

내가 너의 집으로 갈게.

Io vengo **da te.**

내일 우리는 너의 집으로 간다.

Domani noi veniamo **da te.**

Flory's Tip

andare 동사의 1인칭 복수(noi) 직설법 현재형 andiamo를 사용하여 '우리 ~로 가자!'라고 친구에게 제안해 보세요.

예 Andiamo da Enrico! 엔리코네로 가자!

오늘의 회화 🎧MP3 33-04

너희는 내일 어디 가니?
Dove andate voi domani?

우리는 밀라노로 가.
Noi andiamo a Milano.

루치아, 너 내일 우리 집에 올래?
Lucia, domani tu vieni da me?

그래, 내일 너의 집에 갈게
Sì, domani io vengo da te.

 놀라운 이야기에 이렇게 반응해 보세요.

| la bicicletta [라 비취클렡타] | 자전거 |
| Davvero? [답(v)붸로] | 정말? |

연습 문제

1 빈칸에 andere 동사의 알맞은 현재시제 변화형을 써 보세요.

1. Io _____ a Milano.   나는 밀라노에 간다.

2. Tu _____ da Lucia.   너는 루치아의 집에 간다.

3. Lucia _____ da Maria.   루치아는 마리아의 집에 간다.

2 빈칸에 venire 동사의 알맞은 현재시제 변화형을 써 보세요.

1. Io _____ da te.   내가 너의 집으로 갈게.

2. Tu _____ da me?   너 우리 집에 오니?

3. Domani noi _____ da te.   내일 우리는 너의 집으로 간다.

Lezione
34
trentaquattro

아침에
일찍 나간다.

Lezione 34 전체
원어민 음원 듣기

Io esco presto di mattina.
나는 아침에 일찍 나가.

Io esco di pomeriggio.
나는 오후에 나가.

준비 단어

🎧 MP3 34-02

🧂 uscire
[우쉬레]　　나가다, 외출하다

🧂 l'amica
[라미카]　　(여성) 친구

🧂 con
[콘]　　~와 함께

🧂 le amiche
[레 아미케]　　(여성) 친구들

🧂 l'amico
[라미코]　　(남성) 친구

🧂 di pomeriggio
[디 포메릿죠]　　오후에

🧂 gli amici
[리 아미취]　　(남/혼성) 친구들

🍅 불규칙 동사 uscire는 '나가다, 외출하다, 놀러 나가다'를 뜻합니다. 다음 동사 변화표를 소리 내어 읽어 보세요.

Io	esco	Noi	usciamo
Tu	esci	Voi	uscite
Lui/Lei/Lei	esce	Loro	escono

🍅 '~와 함께'를 나타내는 con을 활용하여 친구들과 함께한 행동에 대해서 말할 수 있습니다.

Io esco con l'amico.
[이오 에쉬코   콘   라미코]
나는 (남)친구와 놀러 나간다.

Io esco con gli amici.
[이오 에쉬코   콘   리   아미취]
나는 (남)친구들과 놀러 나간다.

Tu esci con l'amica.
[투   에쉬   콘   라미카]
너는 (여)친구와 놀러 나간다.

Noi usciamo con le amiche.
[노이   우쉬아모   콘   레   아미케]
우리는 (여)친구들과 놀러 나간다.

나는 외출한다.

Io esco.

나는 친구들과 나가서 논다.

Io esco con gli amici.

너는 아침 일찍 나간다. → 너는 / 나간다 / 일찍 /아침에

Tu esci presto di mattina.

루치아는 오후에 친구들과 놀러 나간다. → 루치아는 / 나간다 / 친구들과 / 오후에

Lucia esce con gli amici di pomeriggio.

우리는 아침에 늦게 나간다. → 우리는 / 나간다 / 늦게 / 아침에

Noi usciamo tardi di mattina.

너는 (여)친구와 나가니?

Tu esci con l'amica?

너희는 친구들과 나가니?

Voi uscite con gli amici?

나는 밤에 나가지 않는다.

Io non esco di notte.

그들은 밤에 나가지 않는다.

Loro non escono di notte.

실력이 쭈~욱
오늘의 회화 🎧 MP3 34-04

 너는 아침에 일찍 나가니?
Tu esci presto di mattina?

응, 나는 아침에 일찍 나가.
Sì, io esco presto di mattina.

 너희는 밤에 놀러 나가니?
Voi uscite di notte?

아니, 우리는 밤 늦게 나가지 않아.
No, noi non usciamo tardi di notte.

 한 마디 plus+   복잡한 장소를 빠져나올 때 '다행이다!'라고 표현해 보세요.

l'uscita [루쉬타]   출구

Meno male! [메노 마레]   다행이다!

연습 문제

콕콕 실력 확인

1 빈칸에 uscire 동사의 알맞은 현재시제 변화형을 써 보세요.

1. Io _____ con gli amici.　　　나는 친구들과 나가서 논다.

2. Tu _____ presto di mattina.　너는 아침 일찍 나간다.

3. Lucia _____ con gli amici.　루치아는 친구들과 놀러 나간다.

2 다음 문장을 이탈리아어로 바꿔 말하고 적어 보세요.

1. 나는 아침에 일찍 나간다.

➡ _____

2. 너희는 밤에 놀러 나가니?

➡ _____

3. 우리는 밤 늦게 나가지 않는다.

➡ _____

Lezione 35
Ripetizioni

1~15 제시된 한국어 문장을 뜻하는 이탈리아어 문장을 고르세요.

1 나는 말할 수 있다.

    a. Io voglio parlare.

    b. Io posso parlare.

    c. Io devo parlare.

답

2 너는 이탈리아어로 읽을 수 있다.

    a. Tu posso leggere in italiano.

    b. Tu potete leggere in italiano.

    c. Tu puoi leggere in italiano.

답

3 그들은 한국어로 글을 쓸 수 없다.

    a. Loro non potete scrivere in coreano.

    b. Loro non possono scrivere in coreano.

    c. Loro non possiamo scrivere in coreano.

답

4 나는 시금치를 먹어야 한다.

    a. Io devo mangiare gli spinaci.

    b. Io devo mangiare l'aglio.

    c. Io devo mangiare la torta.

답

5 당신은 신문을 읽어야만 한다.

    a. Lei deve leggere il libro.

    b. Lui deve leggere il giornale.

    c. Lei deve leggere il giornale.

6 아이들은 일찍 자야 한다.

    a. I bambini devono dormire presto.

    b. I bambini vogliono dormire presto.

    c. I bambini possono dormire presto.

7 너는 라자냐를 먹고 싶다.

    a. Tu voglio mangiare le lasagne.

    b. Tu volete mangiare le lasagne.

    c. Tu vuoi mangiare le lasagne.

8 그들은 그 이야기를 말하고 싶다.

    a. Lui vuole raccontare la storia.

    b. Loro vogliono raccontare la storia.

    c. Loro vogliono leggere la storia.

9 너는 내일 무엇을 하니?

   a. Che cosa fai tu domani?

   b. Che cosa fate voi domani?

   c. Che cosa fanno loro domani?

10 나는 매일 아침 식사를 한다.

   a. Io faccio sport tutti i giorni.

   b. Io faccio colazione tutti i giorni.

   c. Io faccio i compiti tutti i giorni.

11 나는 숙제를 해.

   a. Io facio i compiti.

   b. Io faccio i compiti.

   c. Io facciamo i compiti.

12 나는 밀라노로 간다.

   a. Io vado a casa.

   b. Io vado a Milano.

   c. Io vai a Milano.

13 내가 너의 집으로 갈게.

a. Io vieni da te.

b. Io vengo da te.

c. Io veniamo da te.

14 나는 친구들과 나가서 논다.

a. Io usco con gli amici.

b. Io esco con gli amici.

c. Io esco con i amici.

15 너는 아침 일찍 나간다.

a. Tu esci presto di sera.

b. Tu esci tardi di mattina.

c. Tu esci presto di mattina.

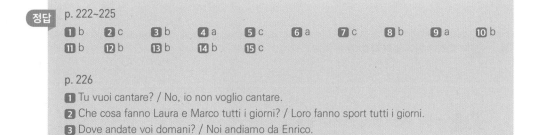

정답 p. 222~225

1 b **2** c **3** b **4** a **5** c **6** a **7** c **8** b **9** a **10** b
11 b **12** b **13** b **14** b **15** c

p. 226

1 Tu vuoi cantare? / No, io non voglio cantare.
2 Che cosa fanno Laura e Marco tutti i giorni? / Loro fanno sport tutti i giorni.
3 Dove andate voi domani? / Noi andiamo da Enrico.
4 Voi uscite di notte? / No, noi non usciamo tardi di notte.

복습 회화

다음 대화를 이탈리아어로 말해 보세요. 그리고 말한 문장을 빈칸에 적어 보세요.

1. : 너는 노래를 부르고 싶니?

   _____

   : 아니, 나는 노래를 부르고 싶지 않아.

   _____

2. : 라우라(Laura)와 마르코(Marco)는 매일 무엇을 하니?

   _____

   : 그들은 매일 운동을 해.

   _____

3. : 너희는 내일 어디 가니?

   _____

   : 우리는 엔리코(Enrico)의 집에 가.

   _____

4. : 너희는 밤에 놀러 나가니?

   _____

   : 아니, 우리는 밤 늦게 나가지 않아.

   _____

이탈리아 문화 돋보기

이탈리아 식전 문화, 아페리티보(aperitivo)

이탈리아에서 아페리티보(aperitivo)는 일반적으로 저녁식사 전에 가벼운 음료와 핑거푸드를 즐기는 모임을 의미합니다. 주로 오후 6시부터 8시 사이에 다양한 카페나 바에서 이러한 식전 모임을 즐길 수 있습니다. 이 시간 동안 많은 바에서 특별한 할인이나 무료 안주, 간단한 뷔페 등을 제공하기도 합니다.

아페리티보에서는 흔히 스프리츠(spritz)라는 칵테일을 마십니다. 스프리츠의 기원은 19세기에 오스트리아 제국 점령기로 거슬러 올라가는데, 당시 오스트리아 관료들이 도수가 높은 이탈리아 와인을 탄산수로 희석하여 마시면서 스프리츠가 탄생하게 되었습니다. 이 관습은 프리울리-베네치아 줄리아(Friuli-Venezia Giulia)주에 전해 내려오다가 이탈리아 전역으로 확산되었습니다. 스프리츠는 아페롤, 캄파리와 같이 향이 좋은 주류 베이스에 스파클링 와인과 탄산수를 섞어 만듭니다. 여기에 오렌지 조각을 넣고, 전통적으로는 올리브까지 추가하여 장식합니다.

이탈리아 사람들은 아페리티보 시간에 한 잔의 스프리츠를 마시면서 허기를 달랠 수 있는 간단한 안주를 먹습니다. 이때 친구들 혹은 동료들과 함께 유쾌한 시간을 보내며, 동시에 사회적인 관계를 유지하고 친밀감을 형성합니다. 가족과 친구들과의 소통을 중시하는 이탈리아 사람들에게 아페리티보는 매우 중요한 전통입니다.

한마디 plus+

실생활에서 자주 쓰이는 어휘 및 표현을 정리해 봅시다.

Vocabolario: 남성 명사

gli gnocchi	[리 녁키]	뇨키
단수 il gnocco [일 녁코]		
il biglietto	[일 빌렡토]	표
복수 i biglietti [이 빌렡티]		
il cagnolino	[일 칸뇨리노]	강아지
복수 i cagnolini [이 칸뇨리니]		
il calcio	[일 칼쵸]	축구
복수 i calci [이 칼취] 킥(발차기)들		
il dolce	[일 돌췌]	디저트
복수 i dolci [이 돌취]		
il Duomo di Milano	[일 두어모 디 미라노]	밀라노 두오모 (대성당)
복수 i duomi [이 두어미] 성당들		
il gorgonzola	[일 고르곤(z)저라]	고르곤졸라 (치즈)
il nome	[일 노메]	이름
복수 i nomi [이 노미]		
il paese	[일 파에(z)제]	마을, 동네, 나라
복수 i paesi [이 파에(z)지]		
il pane ciabatta	[일 파네 챠밭타]	치아바타 빵
복수 i pani [이 파니] 빵들		
il potere	[일 포테레]	힘, 권력
복수 i poteri [이 포테리]		

il riposo	[일 (r)리포(z)조]	휴식
복수 i riposi [이 (r)리포(z)지]		

il ristorante	[일 (r)리ㅅ토란테]	식당, 레스토랑
복수 i ristoranti [이 (r)리ㅅ토란티]		

il saluto	[일 쌀루토]	인사
복수 i saluti [이 쌀루티]		

il tè	[일 태]	(마시는) 차
응용 il tè nero [일 태 네로] 홍차(black tea)		

il vino bianco	[일 (v)뷔노 비안코]	화이트 와인
응용 il vino rosso [일 (v)뷔노 (r)롯쏘] 레드 와인		

l'angelo	[란줴로]	천사
복수 gli angeli [리 안줴리]		

l'aperitivo	[라페리티(v)보]	아페리티보
복수 gli aperitivi [리 아페리티(v)비]		

l'appetito	[랖페티토]	식욕
복수 gli appetiti [리 아페티티]		

l'invito	[린(v)뷔토]	초대
복수 gli inviti [리 인(v)뷔티]		

Vocabolario: 여성 명사 & 기타

Gorgonzola	[고르곤(z)저라]	고르곤졸라 (도시 이름)
l'arancia	[라란챠]	오렌지
복수 le arance [레 아란췌]		

l'arancina / l'arancino	[라란취나 / 라란취노]	아란치니
*아란치니는 지역별로 여성형 또는 남성형 명사를 사용함		

l'uscita	[루쉬타]	출구
복수 le uscite [레 우쉬테]		

la bicicletta	[라 비취클렏타]	자전거
복수 le biciclette [레 비취클렏테]		

la ciabatta	[라 챠밭타]	슬리퍼, 치아바타 빵
복수 le ciabatte [레 챠밭테]		

la città	[라 췯타]	도시
복수 le città [레 췯타] *마지막 음절에 악센트 표시가 있으면 복수형에서 형태가 바뀌지 않음		

la danza	[라 단(tz)챠]	춤, 댄스
복수 le danze [레 단(tz)체]		

la lettura	[라 렏투라]	독서
복수 le letture [레 렏투레]		

la notte	[라 넏테]	밤
복수 le notti [레 넏티]		

la riunione	[라 (r)뤼우니오네]	회의, 미팅
복수 le riunioni [레 (r)뤼우니오니]		

la scuola	[라 스쿠어라]	학교
복수 le scuole [레 스쿠어레]		

la stanza	[라 스탄챠]	방
복수 le stanze [레 스탄체]		

pigro	[피ㄱ로]	형 게으른

un poco (un po')	[운 퍼코 (운 퍼)]	부 조금, 약간

Balliamo?	[발리아모]	우리 춤출까?
Benvenuti in Italia!	[밴(v)붸누티 인 이타리아]	이탈리아에 오신 것을 환영해요!
Buon appetito!	[부언 앞페티토]	식사 맛있게 하세요!
Buona lettura!	[부어나 렡투라]	즐거운 독서하세요!
Buona notte!	[부어나 넡테]	좋은 밤 보내세요!
Cerco una stanza!	[췌르코 우나 스탄차]	방을 찾습니다!
Che bontà!	[케 본타]	맛있겠다!, 맛있다!
Che carino!	[케 카리노]	아, 귀여워!
Cin cin!	[췬 췬]	짠!
Come mai?	[코메 마이]	어째서?, 왜?
Dai!	[다이]	어서 해 봐!, 그래!
Davvero?	[답(v)붸로]	정말?
Dimmi!	[딤미]	말해봐!
È delizioso!	[애 델맅치오(z)조]	맛있네!

Forza!	[(f)포르차]	파이팅!
Grazie!	[그랕치에]	고마워!, 감사합니다!
Ho fame da morire!	[어 (f)퐈메 다 모리레]	배고빠 죽겠다!
Meno male!	[메노 마레]	다행이다!
Mi raccomando!	[미 (r)락코만도]	잘 부탁합니다!
Perfetto!	[페르(f)퍁토]	완벽해!, 아주 좋아!
Presente!	[프레(z)쟨테]	출석했습니다!
Riposati bene!	[(r)리포(z)자티 배네!]	푹 쉬어!
Sei un angelo!	[쎄이 운 안줴로]	너는 천사야!
Sono in ritardo!	[쏘노 인 (r)리타르도]	지각이야!, 늦었어!
Un caffè, per favore!	[운 캎퐤, 페르 (f)퐈(v)보레]	커피 한 잔 주세요!
Un poco, per favore.	[운 퍼코, 페르 (f)퐈(v)보레]	조금만 주세요.
Vieni a casa mia!	[(v)뷔에니 아 카(z)자 미아]	우리 집에 놀러 와!